忍者の歴史

山田雄司

角川選書
570

目次

第四章　江戸時代の忍び

序章

忍者ブーム

昨今、忍者に対する注目が高まり、忍者に関する記事を各種メディアでしばしば目にする。二〇一五年には日本記念日協会より二月二十二日（にん・にん・にん）が「忍者の日」に認定されたほか、同年一〇月九日には、日本各地の忍者に関する取り組みを行っている自治体から構成される日本忍者協議会が発足し、二〇一六年には日本科学未来館・三重県総合博物館で忍者展が開催される。

これまでも忍者ブームは何回か起こっているが、今回のブームをどのようにとらえたらよいだろうか。それと大きく関わると考えられるのがクールジャパンである。二〇一〇六月、経済産業省製造産業局に「クール・ジャパン室」が開設され、日本の文化・産業の世界進出促進、国内外への発信が推進されることとなったが、忍者はまさに「かっこいい」「日本独自」の存在で、クールジャパンの代表たるにふさわしいと言えよう。

また、地方創生が叫ばれる昨今において、今回の忍者ブームでは忍者に関連した自治体がそれぞれ特色ある取り組みをしていることが注目される。これまで映画・マンガ・アニメなどで多様な忍者が描かれてきたが、それらはどこかの地方に固有な忍者ではなかったのに対し、近年では伊賀忍者・甲賀忍者・紀州忍者といった地方固有の忍者を押し出している。戦国時代において忍びは各大名のもとで任務を果たし、江戸時代になってからも各大名に仕えて探索・城下の警備・大名の護衛などに携わった。そのため、基本的に日本各地に忍者が存在していたと言える。しかし、その活動は秘密裏に行われていたため、必ずしも豊富な史料が残っているわけではない。伊賀・甲賀に関する史料は比較的残されているが、その他の地方においては残存状態にバラツキがある。けれども、これまでは注目されてこずに、まだ眠っている史料が少なからずあるのではないだろうか。今回の忍者ブームで、そうした史料の発掘が進められることを期待している。

忍者とは何か

そもそも、忍者とはどのような存在なのだろうか。以下の忍者に関する定義は、日本忍者協議会において私が中心となってまとめたものである。

忍者は歴史的には「忍び」と呼ばれ、史料上確実に存在が確認できるのは、南北朝時代（一三三六—九二）以後で、その起源は十三世紀後半に荘園制支配に抵抗した悪党にあると考えられる。忍びは、乱波（らっぱ）・透波（すっぱ）・草（くさ）・奪口（だっこう）・かまりなど、地方によりさまざまな名前で呼ばれ、忍者（にんじゃ）という呼び名が定着したのは昭和三十年代になってからのことである。戦国時代の忍びは、各地の大名に召し抱えられて、敵国への侵入、放火、破壊、夜討、待ち伏せ、情報収集などを行ったが、最も重要なのは敵方の状況を主君に伝えることであることから、極力戦闘を避け、生き延びて戻ってくる必要があった。

伊賀・甲賀地方は京都にほど近く、まわりを山という天然の要害に取り囲まれていることもあり、大名勢力が弱い一方自治が発達し、一揆を形成して武装していた。そのため、ときには近隣諸国に傭兵として雇われ、堀を越えて城に侵入し、戦闘に加わったことが確認できる。伊賀・甲賀の自治は、織田信長軍によって壊滅的打撃が加えられるが、天正《てんしょう》十年（一五八二）六月二日の本能寺の変後に、徳川家康が堺（大阪府）から伊賀・甲賀を越えて白子（三重県鈴鹿市）を経由して本拠地である岡崎（愛知県）に逃れる際、伊賀者・甲賀者は山中の護衛をしたほか、さまざまな戦いで家康の先陣をきって戦ったことにより、家康は伊賀者・甲賀者を取り立てることとなった。

天正十八年（一五九〇）八月一日、徳川家康が江戸に入府すると、伊賀者・甲賀者は江戸城下に住み、大奥や無人の大名屋敷などの警備、普請場の勤務状態の観察などを行うほか、寛永《かんえい》初年（一六二四）ころまでは隠密としても活動した。また鉄砲隊として甲賀百人組、伊賀百人組に編成され、百人番所に勤番で詰めて、江戸城大手三之門の警備を行ったりしたほか、諸大名が抱えることもあった。『軍法侍用集』などでは、伊賀者・甲賀者は忍びの中でも最も優れていると記述されている。江戸時代になって平和な時代が訪れると、戦闘をすることはなく、情報を得たり警護をすることが主な任務となり、隣国の政治状況を知って自国の政治に活かすということもしていた。忍者というと屋根裏に潜んで会話を盗み聞きするイメージがあるが、実際はその土地の人と仲良くなって情報を聞き出すことの方が多かったようである。

十七世紀中葉になると、忍びの方法や心構えなどを記した忍術書が書かれるようになった。

延宝《えんぽう》四年（一六七六）には、忍びの間で伝えられてきた技が伝授されなくなってしまうという危機感から、中国古代の兵書『孫子』をはじめ、さまざまな兵法書・忍術書からまとめ上げた『万川集海』が藤林保武によって編纂された。ここには登器・水器・開器・火器などの道具も絵とともに記されているほか、その他忍術書には、交際術・対話術・記憶術・伝達術・呪術・医学・薬学・食物・天文・気象・遁甲・火薬など多様な記述がなされており、忍術とは、総合的知識に基づくサバイバル術と位置づけることができよう。

実在の忍びの者が姿を消していく一方、江戸時代の小説・芸能では、虚像としての忍者が描かれるようになっていった。江戸時代初期の忍者は忍術を使って忍び入り、大切な物を盗んでくるというパターンで描かれた。この話でよく知られているものが、石川五右衛門の話である。ここで用いられる忍術は、妖術の影響を受けて、摩訶不思議な術に変化していった。妖術とは隠形の術、飛行の術、分身と反魂の術、蝦蟇《がま》の術、鼠の術、蜘蛛の術、蝶の術などで、中国の小説の影響を受けてさらに発展を遂げたものだが、この結果、巻物をくわえて印を結ぶとドロンと消えたり、ガマに変身する忍者が生まれた。また、江戸時代後期になると、歌舞伎や浮世絵などにおいて黒装束を身につけて手裏剣を打つという現代につながる忍者のイメージが形成された。

大正時代になって、立川《たつかわ》文庫から『猿飛佐助』が発刊されると一大忍術ブームが巻き起こった。立川文庫は講談を筆記したわかりやすい文章で、漢字にはすべてルビが振られており、丁稚奉公の少年や小中学生に愛読され、その後『霧隠才蔵』『百地三太夫』など相次いで「忍術名人」を扱った作品が生み出された。それとともに、尾上松之助主演の忍術映画『豪傑児雷也』が大ヒットし、子どもたちはそれをまねて、忍術だと称して高いところから飛び降りて骨折したり、走ってくる列車の前に立って列車を止めさせたりして、社会問題にまでなった。一方、大正時代には不思議なものに対して「科学的」視点で解明しようとする気運も高まり、忍術を合理的に解釈しようとする試みもなされるようになった。その代表が伊藤銀月で、忍術を現代社会にどのように活かしたらよいかといった視点から忍術の研究を行った。その後忍術に関する研究は、甲賀流忍術十四世を名乗り、自ら実演も行った藤田西湖、上野市長を務めた奥瀬平七郎らへ受け継がれていった。

戦後には、女性忍者であるくノ一が活躍する作品が登場した。『万川集海』にはくノ一を一字とした者（すなわち女）を忍びに入れることを「くノ一の術」というと記述しており、男性の忍びと同様の活動を行うわけではなかった。それが戦後における女性の社会進出に呼応して、くノ一がさまざまな作品で描かれるようになった。

一九五〇年代末から六〇年代には忍者小説が続々と出版された。司馬遼太郎『梟の城』、村山知義『忍びの者』、山田風太郎『忍法全集』などが代表的作品である。『忍びの者』『隠密剣士』といった映画・テレビ放送が大ヒットし、そこでは黒装束を身にまとい、塀を跳び越えて素早く走り、水の上も沈むことなく駆け抜け、手裏剣を立て続けに打つ忍者が活躍した。

子ども向けマンガ・アニメでは忍者が恰好の素材となり、テレビでも放送されて大人気となった。『サスケ』『カムイ伝』『伊賀の影丸』『仮面の忍者赤影』『忍者ハットリくん』『科学忍者隊ガッチャマン』『忍たま乱太郎』など、それぞれの時代を反映した忍者作品が制作された。

海外においても忍者は大人気で、ショー・コスギによる『Enter the Ninja（燃えよNINJA）』を皮切りに、アメリカ中心に忍者映画が制作された。『ティーンエイジ・ミュータント・ニンジャ・タートルズ』『NARUTO』といったアニメやゲームによりNinjaファンになった若者も多く、数多くのゲームや忍者関連グッズなども製作されている。

海外では忍術を武術としてとらえる傾向が強いが、忍者に対して深い関心を示すのは、忍者という「神秘的」な存在にたいする憧れや、『忍術の「忍」は忍耐の「忍」』といった日本の伝統的価値観に対する理解もあってのことだろう。たとえ自分の名が世に知られることがなくとも、実直に耐え忍んで自分に与えられた任務をこなし、最後には大きな仕事を成し遂げるという忍者の精神は、日本人の生き方をよくあらわしていると言えよう。忍者の知恵の中には、近代日本の発展を支えてきた技術力、勤勉さ、組織力、忍耐力といった日本文化の諸相が凝縮されており、まさに忍者は日本を代表する文化と言えよう。

この定義については不十分な点があることは十分承知で、今後の研究の進展により書き換えられていく必要がある。

歴史的な忍者の定義

忍者の定義に関して探ってみると、古くは十七世紀初頭の『日葡辞書』に「しのび」に関する説明がなされるほか、江戸時代後期になると詳しい記述がされている。江戸幕府の命を受けて塙保己一をはじめ和学講談所によって編纂された武家有職故実書『武家名目抄《ぶけみょうもくしょう》』第二の「忍者　又称間者諜者」の項には、以下のような記述がある。

> 按忍者はいはゆる間諜なり、故に或は間者といひ、又諜者とよふ、さて其役する所は、他邦に潜行して敵の形勢を察し、或は仮に敵中に随従して間隙を窺ひ、其余敵城に入て火を放ち、又刺客となり物聞忍目付なといふも多くはこれか所役の一端なるへし、もとより正しき識掌にあらされは、其人のしな定まれることもなし、庶士の列なるもあり、足軽同心又は乱波透波程の者もありしとみゆ、京師に近き所にては伊賀国又は江州甲賀の地は地侍多き所なりけれは、応仁以後には各党をたてゝ日夜戦争を事とし、竊賊強盗をもなせしより、おのつから間諜の術に長するもの多くいてきしかは、大名諸家彼地侍をやしない置て忍の役に従はしむる事の常となりてより、伊賀者甲賀者とよはるゝもの諸国にひろこりぬ、これ鋏炮組には多く根来者を用ふるたくひなり、古来間諜の術をなせしもの、諸書に注する所少なからすといへとも、其名目を載せさるは悉くこゝにもらせり、

忍者とは間諜であり、他国に潜入してその状況を探り、あるいは敵城に入って火を放ち、ときには刺客となることもある。出自が低いこともある一方、武士に列せられることもあった。京都に近いところでは伊賀・甲賀は地侍が多いところなので、応仁《おうにん》の乱後は戦乱が増加し、忍び・強盗もしていたことから、間諜の術に長ずるものも多く出てきたので、大名たちは彼らを養って忍びの役を務めさせることになった。そこから伊賀者・甲賀者と呼ばれる者が諸国に広がることとなった。そして彼らは間諜の術を身につけていたと記述されている。

また、安政《あんせい》三年（一八五六）刊の木下義俊『武用弁略』巻之二「武兵之弁」では、「忍者」に「シノビノモノ」というルビがふられ、以下のように叙述されている。

是ハ自《シ》国《コク》他《タ》国《コク》ニ身ヲ隠《カクシ》或敵城《テキジヤウ》ノ堅固《ケンゴ》ナルエモ忍入《シノビイリ》テ密事《ミツジ》ヲ知者ナリ、或書ニ云、敵国へ往来セシメテ事ヲ聴《キク》ヲ忍ト云、人ノ撰忍《エヲミシノビ》ノ習之《ナラヒコレ》アル事ナリ、是又敵ノ事ヲ窺知《ウカヽヒシル》ノ一品《イツヒン》也ト云云、近来云トコロノ伊賀甲賀ノ者ノ類ナリ、昔ヨリ伊賀甲賀ニ此道ノ上手アリテ其子孫ニ伝アル故ニ云爾《シカイフ》、扨又間者《サテマタカンジヤ》ト云モ同事也、是ニハ五間《ゴカン》ノ差別《シヤベツ》アリ、孫子《ソンシ》用間《ヨウカン》ノ篇《ヘン》云、因《イン》間・内《ナイ》間・反《ハン》間・死《シ》間・生《シヤウ》間也、因間トハ敵ノ本国ノ郷人ニヨツテ用ルナリ、其国人ナレバ敵ノ内外虚実《キヨジツ》ヲ知故ニ、ソレニ因《ヨリ》テ窺《ウカヽフ》也、内間トハ敵国ノ官人ニ其子孫ニ遺恨ノアル者カ時ニ用ラレヌ者カ利ヲ貪者、其主君ニ恨アルノ人ニヨツテ用也、反間トハ敵ヨリ味方へ間来ヲ知テ賄ヲ彼ニトラスルカ若クハ不実ヲ彼ニ密ニ知テ計ヲ誤シムルヲ云也、死間トハ計策ノ為ニ敵国ニ至、其計ヲ誤シメテ我モ亦敵ノ為ニ死スルヲ云、生間ハ智才正直ノ者ヲシテ敵国へ往来シテ窺テ帰ヲ云、尚其門ニ入テ習ヘシ、

忍びとは身を隠して堅固な城へも忍び入って情報を得てくる者のことである。ある書には、敵国へ行って様子を探る者を忍びと呼び、どのような人物が忍びとなるのかまた忍びの伝習といったことも伝えられている。彼らは敵の様子を探る第一人者だとされている。その者は近頃言うところの伊賀・甲賀者である。昔から伊賀・甲賀にこの道の上手があってそれが子孫に伝わっているという。そして、間者という存在も同様だとして、『孫子』を引用している。

江戸時代の人からしてみると、忍びの者とは、身を隠して自国・他国へ忍び入ったり、敵城に潜入し、敵の情勢を探ったりするなどして情報を獲得する存在で、そうした者の中でも、戦国時代からの伝統で伊賀・甲賀の者が重要視されているが、江戸時代初期を境に忍びの任務も大きく変わった。

本書の意図

明治時代末以来、忍び・忍者に関する研究は、さまざまなされてきた。それについてひとつひとつ言及することは避けるが、史料批判をせずに推測を重ね、さらには他書を曲解して叙述されている文章が散見されるのは残念である。しかしこれも姿態変容する忍者のなせる技かも

しれない。忍者ならこんなこともあるかもしれないといった想像力が、いかにも事実であるかのような忍者像を造り上げた。

本書では、忍びの実像部分にしぼって事実を明らかにするよう努め、江戸時代以降の読本・歌舞伎・浮世絵・映画・マンガ・アニメ・ゲームといった虚構の部分の忍者についてはほとんど言及しなかった。これらについては非常に多岐にわたる世界が広がっており、私が捕捉できる能力を超えている。しかし、このような分野を研究することは、日本文化さらには世界の民族性を考える上で重要である。

忍び・忍者に関する学術的研究はまだ始まったばかりで、今後のさらなる深化が期待される。忍者研究に関しては浅学である筆者の誤解による記述が少なからざることを危惧しているが、本書が忍者研究の踏み石となることがあれば幸甚である。

第一章　戦国時代の忍び

一、忍びの起源

古代の間諜

「忍び」の存在は歴史上いつから確認できるのだろうか。「忍び」と関係する語として、古代の史料には「間諜」という語を見出すことができる。『日本国語大辞典』第二版によれば、間諜とは「秘密の手段を用いて敵あるいは競争相手の様子をさぐり、味方に通報すること。また、その人。まわしもの。間者。スパイ」とある。こうした存在は洋の東西を問わず、古代から存在したと言えるだろう。間諜と忍びとの違いは、忍びは主として間諜としての役も果たしながら時には戦闘に参加するなど、時代とともにさまざまな任務を果たした者と言えよう。

日本史上の間諜の初見は、『日本書紀』推古《すいこ》天皇九年（六〇一）九月戊子《つちのえね》（八日）条に見られる「新羅の間諜の者迦摩多、対馬に到れり。則ち捕へて貢る。上野に流す」という記事であり、新羅の間諜《うかみ》の者である迦摩多《かまた》がやってきたので、捕らえて上野国《こうずけ（のくに）》に流したことを記している。『日本書紀』の記述では、新羅の間諜に対してウカ（窺）ミ（見）という和語をあてはめていることから、そうした存在が日本にもあったことをうかがわせる。大化《たいか》二年（六四六）正月朔日条のいわゆる改新の詔には、「初めて京師《みやこ》を修め、畿内の国司・郡司・関塞《せきそこ》・斥候《うかみ》・防人《さきもり》・駅馬《はゆま》・伝馬《つたはりうま》を置き、鈴契《すずしるし》を造り、山河を定めよ」、天武《てんむ》天皇元年（六七二）五月是月条には「近江京より、倭京《やまとのみやこ》に至るまでに、処処に候《うかみ》を置けり」のように記されており、「ウカミ」とは国家によって相手方の情勢を知るために設置された見張りであった。

中国においては、『孫子《そんし》』用間《ようかん》篇に「因間」「内間」「反間」「死間」「生間」の五つを記し、開戦前には間諜による情報が大変重要であり、「間を用いざる所無きなり」のように、将軍が間諜を重視していたことがわかる。『孫子』以後も中国の兵法書においては間諜に関する記述が見られるが、日本の史書においてはその後間諜に関する記事は見られない。

忍びの由緒

一方、忍びの由緒を語る伝書類では、忍びの起源を日本古代さらには中国古代に遡らせる記述が見られる。『伊賀問答忍術賀士誠《いがもんどうにんじゅつかざむらいのまこと》』では、神武《じんむ》天皇の御代に「奉承密策」した道臣命《みちのおみのみこと》を忍術の元根とし、『忍術應義伝《にんじゅつおうぎでん》』では、聖徳太子が甲賀馬杉の人大伴細入（細人とも）を使って物部守屋を倒したことから、太子から「志能便《しのび》（忍）」と名づけられたと起源伝承を語る。しかし、こうした記述は他の史書から裏付けることはできず、江戸時代になって忍びの起源を遡らせて神武天皇や聖徳太子と結びつけた結果と言えよう。

また、忍術書の集大成である『万川集海《まんせんしゅうかい》』巻第一「忍術問答」には以下の記述がある。

問曰、吾邦ニテ此道何レノ代ヨリ始レル哉、
答曰、人皇三十九代ノ帝天智天皇ノ御第ノ尊ヲハ天武天皇ト申奉ル、此御宇ニ當テ清光ノ親王逆心企テ、山城国愛宕郡ニ城槨ヲ構ヘ篭城シケル所ニ、時ニ天武天皇ノ御方ヨリ多胡弥ト云フ者ヲ忍ヒ入レシカハ、多胡弥忍ヒ入テ城内ニ放火シケレハ、天武天皇外ヨリ攻玉ヒシニ依テ、其城忽ニ落シト也、是吾邦忍術ヲ用ルノ始メ也、此事日本紀ニ見ヘタリ、

日本において、忍びがいつから始まったのかという問いに対して、天武天皇の御代、逆心を企てた「清光《きよみつ》親王」が山城国愛宕郡《おたぎのこおり》に城郭を構えて籠城した際、天武天皇が「多胡弥《たこや》」という者を忍び入れて城内に放火して攻め落とし、これが忍術のはじめだとして『日本紀』に見えるとする。しかし、「清光親王」は存在しない上、『日本書紀』にこの記事は見られない。内容からして壬申《じんしん》の乱と結びつけて忍術の起源を遡らせようとしたと判断することができよう。その他、起源伝承については歴史を遡ってさまざまに記されるが、そうしたところに確実な根拠を見出すことは難しい。しかしこうしたことは忍者に限らず、系図や寺院開基に関する縁起などにおいて、より古く権威ある人物と結びつけようとする点では共通している。

藤原千方

また、伊賀では『太平記』に記される平安時代の豪族藤原千方《ちかた》が忍者と関連して語られることも多い。巻第十六「日本朝敵事」には以下のように記されている。

又天智天皇ノ御宇ニ藤原千方ト云者有テ、金鬼・風鬼・水鬼・隠形鬼ト云四ノ鬼ヲ使ヘリ。金鬼ハ其身堅固ニシテ、矢ヲ射ルニ立ズ。風鬼ハ大風ヲ吹セテ、敵城ヲ吹破ル。水鬼ハ洪水ヲ流シテ、敵ヲ陸地ニ溺ス。隠形鬼ハ其形ヲ隠シテ、俄敵ヲ拉《トリヒシグ》。如斯ノ神変、凡夫ノ智力ヲ以テ可防非ザレバ、伊賀・伊勢ノ両国、是ガ為ニ妨ラレテ王化ニ順フ者ナシ。爰ニ紀朝雄ト云ケル者、宣旨ヲ蒙テ彼国ニ下、一首ノ歌ヲ読テ、鬼ノ中ヘゾ送ケル。

　草モ木モ我大君ノ国ナレバイヅクカ鬼ノ棲ナルベキ

四ノ鬼此歌ヲ見テ、「サテハ我等悪逆無道ノ臣ニ随テ、善政有徳ノ君ヲ背奉リケル事、天罰遁ルヽ処無リケリ。」トテ忽ニ四方ニ去テ失ニケレバ、千方勢ヒヲ失テ軈テ朝雄ニ討レニケリ。

天智《てんじ》天皇の御代、伊賀・伊勢において藤原千方という者が金鬼・風鬼・水鬼・隠形鬼という四鬼を使役して王化に従わなかったため、天智天皇は右大将紀朝雄《うだいしょうきのともお》を派遣し、和歌を詠んで鬼に送ったところ、鬼は歌を見ると後悔して四散し、千方も討たれたとの伝承を記している。木津川支流の前深瀬川を一〇kmほど遡った山奥に千方窟《ちかたくつ》と呼ばれる場所があり、四鬼とそれを駆使した千方は忍者の発祥かとされている。武器を弾き返す鋼のような堅固な体をしていたり、風を吹かせて敵城を吹き破ったり、水を操って洪水を起こしたり、形を隠して敵を拉致したりする姿は、さまざまな術を駆使する忍びに似つかわしいと言えよう。

このような伝承が何に基づくのか確かめることはできないが、修験道と結びついて不思議な力を身につけて悪党化した集団を象徴しているのかもしれない。こうした伝承が都にも伝わって『太平記』に記され、伊賀・伊勢の境界付近の山中に得体の知れない集団が存在しているという言説が語られていたことは、忍びの起源伝承として大変興味深い。

『太平記』の忍び

それでは、確実に忍びが存在したことが確認できるのはどの史料だろうか。管見の限り、忍びに関する最も古い記述は、『太平記』巻第二十「八幡宮炎上の事」である。

さてまた、京都をさしおかば、北国《ほっこく》の敵に間《ひま》を伺はれつべし、いかがはせんと、進退谷《きわ》まつて覚えければ、ある夜の雨風のまぎれに、逸物《いちもつ》の忍びを八幡山へ入れて、神殿に火をぞかけたりける。

足利軍が男山《おとこやま》の城を攻め落とすことができずにいたところ、新田《にった》義貞《よしさだ》の弟である脇屋《わきや》義助《よしすけ》が叡山勢と上京するということを高師直《こうのもろなお》が聞き、建武《けんむ》五年（一三三八）七月五日、突如男山を攻め落とすことになった。そのときの記述に、普通には入り込めないところに夜の雨風の音に紛れて、特に秀でた忍びの者が密かに忍び込み、石清水八幡宮《いわしみずはちまんぐう》の社殿に火をかけて敵を大混乱に陥れたことを記している。こうしたことから、南北朝期には忍びと呼ばれる職能の者が存在していたことがわかる。

石清水八幡宮

巻二十四「三宅荻野謀叛の事」でも忍びの存在が語られる。備前国児島の三宅高徳《みやけたかのり》が、脇屋義助死去の後、子息義治《よしはる》を招いて挙兵しようと丹波国荻野朝忠《おぎのともただ》と計画していたが、所司代都築入道《つづきにゅうどう》にこのことが漏れて、四《し》条壬生《じょうみぶ》にあった忍びの隠れ家が襲われる。夜討の手引きをするために「究竟の忍ども」が用意されていたが、彼らは急襲されたため抵抗し、最後は腹を切って自害を遂げた。そのような者たちは「死生知らずの者」であった。

　いかがして聞えたりけん、時の所司代都築入道二百余騎にて、夜討の手引せんとて究竟の忍どもが隠れ居たる四条壬生の宿へ、いまだ明けざるに押し寄する。楯籠るところの兵ども、元来死生知らずの者どもなりければ、家の上へ走り上がり、矢種のある程射つくして後、皆腹かきやぶりて死ににけり。

この記述に関しては、関連記事が『師守記《もろもりき》』康永《こうえい》三年（一三四四）四月四日条にあり、伝聞として、五条坊門壬生で御敵を召し取り、首を東寺四塚に懸けたことが記されていることから事実であったことがわかる。

また、巻第三十四「結城が陣夜討の事」では、延文《えんぶん》五年（一三六〇）五月八日、和田正氏《わだまさうじ》の三百人の兵が結城氏が構えた向い城に忍んで近づき夜襲をかけたが、細川清氏《ほそかわきようじ》に後を突かれて退去を余儀なくされた。このとき結城の若党に非常に優れている兵が四人いて、敵が引き返すのに紛れて赤坂城に侵入した。しかし、和田方には「夜打・強盗をして引き帰す時、立ちすぐり・居すぐり」という方法があり、これは決めておいた合言葉を言って、人々が同時にさっと座り、さっと立って、紛れ込んだ敵を選び出すための方法だという。そのため、紛れ込んだ四人の兵は、今までこのようなことに馴れていない者たちだったので、見つけ出されて討死にしたという。

この記述からは、南北朝時代の戦闘ではさまざまに紛れ込んで謀略を果たす戦闘が行われていたことがわかり、こうした方法に優れた人物が特化して忍びとなっていったのではないだろうか。南北朝時代に悪党を動員して山地を利用した戦闘が行われ、その際、必要が高まって諜報活動に加えて攪乱・戦闘を行う忍びが結成されていったのだろう。

そしてそうした忍びは悪党の中から生み出されたと考えられる。悪党という言葉は八世紀初頭から見られるが、鎌倉中期になると、貨幣経済の発達のもと、支配を強化しようとする本所と経営権を確立しようとする在地の荘官層とが対立し、そこへ異類異形の傭兵集団も入り込み、年貢対捍《たいかん》・苅田《かりた》狼藉《ろうぜき》・銭貨資財奪取・殺害刃傷・百姓住宅焼払などを行ったのであった。傭兵自体は、すでに九・十世紀から律令国家の軍隊の中に存在しており、村の紛争解決にそうした集団が利用されたことが指摘されている。

『峯相記』の悪党

悪党の具体的な姿については、鎌倉・南北朝時代の播磨国の地誌である『峯相記《みねあいき》』に以下のように記されている。

正安・乾元ノ比ヨリ、目ニ余リ、耳ニ満テ聞ヘ候シ、所々乱妨、浦々ノ海賊、寄取、強盗、山賊、追落シ、ヒマ無ク異類異形ナルアリサマ、人倫ニ異ナリ、柿帷ニ六方笠ヲ着テ、烏帽子袴ヲ着ス、人ニ面ヲ合セス、忍タル躰ニテ、数々不具ナル高シコヲ負ヒ、ツカサヤハケタル大刀ヲハキ、竹ナカエ、サイハウ杖ハカリニテ、鎧・腹巻等ヲ着マテノ兵具、更ニ無シ、カヽル類十人二十人、或ハ城ニ籠リ、寄手ニ加ハリ、或ハ引入、返忠ヲ旨トシテ、更ニ約諾ヲ本トセス、博打・博エキヲ好テ、忍ヒ小盗ヲ業トス、

正安《しょうあん》・乾元《けんげん》のころ（一二九九～一三〇三）、異類異形の様相で、所々の乱妨、浦々の海賊、寄取、強盗、山賊、追落などを行い、柿色の着衣に女物の六方笠《ろっぽうがさ》を着け、人に顔をあわせず、目立たないようにして、柄・鞘のはげた太刀や杖などを持ち、鎧・腹巻等の兵具は持たない人々が十人二十人、城に籠ったり、攻撃に加わったり、敵を引き入れ裏切ったりして、約束などはものともしない。そして、博打《ばくち》・博奕《ばくえき》を好み、忍び小盗を業としているとしている。

それがさらに正中《しょうちゅう》・嘉暦《かりゃく》のころ（一三二四～二九）になるとその振舞が目立ってきて、世間を驚かせるようになった。立派な馬に乗りつらなり、五十騎百騎と続き、兵具には金銀をちりばめ、鎧・腹巻は光り輝くばかりである。所々を押領し、徒党を組んで契約し、城を落としたり、城を構えたりする。かねてからの賄賂を「山コシ」と称し、後日の属託《しょくたく》を「契約」と呼んで、人目をはばかり恥じ恐れる様子はまったくないと書かれている。

正中・嘉暦ノ比ハ、其振舞先年ニ超過シテ、天下ノ耳目ヲ驚ス、吉キ馬ニ乗リ列レリ、五十騎百騎、打ツ、キ、引馬・唐櫃・弓箭・兵具ノ類ヒ、金銀ヲチリハメ、鎧・腹巻、テリカ、ヤク計也、論所ニ非サレトモ、本人ノ方人ト称シテ、所々ヲ押領シ、党結ヒ契約ヲ成シ、与力、宝号ノ

類等、城ヲ落シ、城ヲ構フル、（中略）如此ノ輩ラ、多ハ但馬・丹波・因幡・伯耆ヨリ出来ノ間、兼日ノ賄賂ヲハ山コシト称シ、後日ノ属託ヲハ契約ト号ス、人目ヲ憚リ、恥恐ル、気色更ニ無シ、

これらの悪党は、反対給付として報奨が与えられ、傭兵として活動している存在で、中には城郭を構える者もあった。そして、南北朝時代には、異形の体をなして鎧・武具で武装し、各地の合戦に参加しゲリラ戦を展開した。楠木正成《くすのきまさしげ》に率いられて山中で敵を苦しめた輩はまさにこのような存在であった。

こうした悪党の姿は、山伏の姿と似通っている。『沙石集《しゃせきしゅう》』巻六では栄朝上人《えいちょうしょうにん》という僧が山伏を批判して以下のように述べている。

ナマジイニ法師トハ名ケ、布施ヲトリ、供養ヲウケナガラ、不可思議ノ異類・異形ノ法師、国ニミチテ、仏弟子ノ名ヲケガシ、一戒モ不持。或妻子ヲ帯シ、或ハ兵杖ヲヨコタヘ、狩リ漁リヲシ、合戦・殺害ヲ少シモ不憚。カ、ル心優末代ニナリテ、マシテ、布薩ナンドハ名ヲモ知ヌ人モ有リ。

本来の山伏は山へ入って厳しい修行をし、擬死再生することで超人的能力を有することができると考えられていたが、この記述には、異類異形をして狩りや漁もし、合戦や殺害すること

も憚らないと記されており、修行者という姿からはかけ離れ、悪党化している様子がうかがえる。山から山へ抖擻《とそう》することによって獣道を熟知し、武器も携えて呪術を駆使する山伏が、悪党化して荘民と連帯することは不思議ではない。

黒田荘と悪党

視点を伊賀地域に向けてみると、東大寺領黒田荘の悪党は、中世史研究者から注目されてきた日本で最も著名な悪党である。黒田荘荘官であった大江氏は一般荘民も巻き込んで本所である東大寺に抵抗し、弘安《こうあん》のころには大江清定《おおえのきよさだ》が北伊賀の服部康直《はっとりやすなお》・清直《きよなお》らと与同して、年貢公事のさしおさえ、山賊・放火・殺害、路地の切塞ぎ、城郭を構えるなどの行為をしたことにより、「悪党」と呼ばれた。

永治《えいじ》二年（一一四二）五月日黄瀧《おうりゅう》寺西蓮勘進状案（東大寺所蔵春華秋月抄草第十四『三重県史資料編古代・中世』一二五七）には以下の記述がある。

右、東海道伊賀国名張郡南山龕崛有一□(仙カ)瀧、世呼称黄瀧、霊験無雙之地、利益殊勝之砌也、抑尋以往之行人者、役優婆塞薫修多歳、坐禅日積、于今在行道之遺跡、□□(名日カ)七金山、霊石之隙、数卩如法経并閼伽器所奉安置也、其後中絶不知在無、又無人住持、経多年序畢、而間以去承保年中之比、金剛□□(仏子カ)正縁聖人智行兼備之上、見身不動明王奉視在志願、即起祈誓金峯山・熊野山・長谷寺三个所、修行三箇年之間、願力不空、感応和機、三所権現二人童子示現、上人正縁語言、汝不知見身大聖明王正躰在処、瀧水重浪、名称黄生瀧、在伊賀国名弛（張）郡南砌也云々、覚後尋求其宝崛、如告嶮浪黄瀧傍峯七金山、役行者行道之勝地見出已了、以後伝聞、河内国八神郡人金剛仏子延増千日籠居、草創五間□（四カ）面梵宮之内、五大明王所奉造立也、

右、東海道伊賀国名張郡南山の龕崛に一仙瀧あり、世に黄瀧と呼称す、霊験無双の地、利益殊勝の砌なり、そもそも以往の行人を尋ぬれば、役優婆塞薫修多歳、坐禅日を積み、今に行道の遺跡あり、名づけて七金山という、霊石の隙、数部如法経ならびに閼伽器安置し奉るところなり、その後中絶しありやなしやを知らず、また無人の住持、多く年序を経おわんぬ、しかる間去る承保年中のころをもって、金剛仏師正縁聖人智行兼備の上、現身不動明王を視奉らんとの志願あり、すなわち金峯山・熊野山・長谷寺の三ヶ所への祈誓を起こし、三箇年の間修行し、願力むなしからず、感応すること機に和し、三所権現の二人童子示現す、上人正縁に語りて言わく、汝現身大聖明王正躰の在処を知らざるや、瀧水重浪、名を黄生瀧と称す、伊賀国名張郡南砌にあるなりと云々、覚めて後その宝崛を尋ね求むるに、告げるごとく嶮浪黄瀧の傍の峯七金山に、役行者行道の勝地を見出しおわんぬ、後にもって伝え聞く、河内国八神郡の人金剛仏子延増千日籠居し、五間四面の梵宮を草創の内

黄龍山延寿院

に五大明王を造立し奉るところなり、

承保《じょうほう》年中（一〇七四～七七）金剛仏子正縁聖人《しょうえんしょうにん》が不動明王の正躰を見たいと、金峯山《きんぷせん》・熊野山・長谷寺に祈誓して三年間修行を積んでいたところ、熊野三所権現の二童子が現れて、不動明王に会える地として、伊賀国名張郡の南端の地である黄生滝を示し、その地へ行ってみると七金山《しちこんせん》という役行者《えんのぎょうじゃ》行道の跡を発見したという。さらに河内国八《や》神郡《かみぐん》の人延増《えんぞう》は千日参籠して寺を建立し、五大明王を造立したという。この地は現在の名張市赤目四十八滝で、黄龍《おうりゅう》山延寿院がその由緒を語っている。

そしてさらに、寛治《かんじ》六年（一〇九二）四月二十五日官宣旨（東大寺成巻文書四一巻『三重県史資料編古代・中世』九一）では、「金峯山寺先達法師原、数多の従類を率い、件の宣旨を承引せず、猥りに光季の身を凌轢せんと擬すの旨、甚だもって非常なり」のように、金峯山の先達法師《せんだつほっし》原《ばら》が数多の従類を率いて黒田荘内に出没して暴行を働いていることから、はやくも院政期には山伏たちが悪党化していたことがわかる。そして、大江氏はこうした山伏たちと密接な関係をもっていたようである。東大寺文書には、「大江《おおえ》金剛女《こんごうめ》」

「明王四郎《みょうおうしろう》」といった修験と関係する名が見られるほか、「他行輩」という記述からは、大峰《おおみね》入峰をして山林抖擻を行っていた人たちもいたことが推測される。後にも述べるが、忍びがさまざまな情報を有し、薬草・呪術などの知識に長けていたのは山伏からの影響が大きかったからであろう。

二、伊賀と甲賀

伊賀惣国一揆

伊賀・甲賀は、現在では忍者の聖地として知られているが、なぜ伊賀・甲賀の忍びが有名になったのだろうか。伊賀・甲賀は京都から適度に離れ、周囲を山に囲まれた地であるため、しばしば京都から落ち延びてきた有力者が隠れ住んだほか、街道を通じて都の情報を得るのには便利な一方、伊賀・甲賀の情報が外に漏れることは少なかったと言える。また、土豪層は自治を行って兵力を有し、山中で身体の鍛錬をすることも可能であった。

伊賀・甲賀は現在では三重県・滋賀県に分かれているが、甲伊一国と呼び慣わされた一体の土地で、婚姻関係も密接であった。また、双方とも大名の力が弱く、そのかわりに国人・土豪の力が強く、多くの砦や館を築いて、「伊賀惣国一揆」「甲賀郡中惣」といった自治組織を形成し、掟をつくって連帯していた。伊賀では、有力土豪が近隣の侍衆を擬制的な血縁関係である同名中《どうみょうちゅう》として組織し、その惣領家同士が三方中《さんぽうちゅう》とか諸侍中《しょざむらいちゅう》という地域連合を形成した。そしてその郷規模の地域連合がさらに結びついて伊賀惣国一揆をなした。

永禄《えいろく》十二年（一五六九）十一月のものと考えられる伊賀惣国一揆掟書（神宮文庫所蔵山中文書）は、伊賀惣国一揆のあり方をよく示している。『伊賀市史』には史料とともに現代語訳が掲載されているので、それを参考にその一部をあげてみよう。

一、従他国当国へ入るニおゐてハ、惣国一味同心ニ可被防候事、

この条文は、他国の勢力が伊賀国に侵入した場合には、惣国が一味同心して防がなければならないとしている。

一、国之物共とりしきり候間、虎口より住〔注〕進仕ニおゐてハ、里々鐘を○《鳴》、時刻を不写〔移〕、在陣可有候、然ハ兵粮・矢楯を被持、一途之間、虎口不甘様ニ陣を可被張候事、

一、上ハ五十、下ハ拾七をかきり在陣あるへく候、永陣ニおゐてハ番勢たるへく候、然ハ在々所々武者大将ヲ被指定、惣ハ其下知ニ可被相随候、并惣国諸寺之老部ハ国豊饒之御祈

禱被成、若仁体ハ在陣あるへく候事、

この条文は、国の者共が警備しているときに、国境の方から緊急事態を注進してきた際は、里々で鐘を鳴らし、上は五十歳、下は十七歳までの男はすぐに兵糧・武具を持って所定の位置につき、国境が破られないように陣を張り、期間が長くなるようなら交代で警備に当たれとしている。そして、各所で武者大将を指定し、他の人々はその命令に従うように、老僧は国が豊饒となるための祈禱をし、若い人々は参陣するようにとしている。

一、国中之あしかる(足軽)他国へ行候てさへ城を取事ニ候間、国境ニ従他国城を仕候て、足軽として其城を取、忠節仕百性(姓)有之ハ、過分ニ褒美あるへく候、そのミ(身)ニおゐてハ侍ニ可被成候事、

この条文からは、足軽が他国へ行って城取をしていることがわかり、国境で他国が城を構えたとき、足軽としてその城を取って忠節を果たした百姓には褒美をとらせ、さらには侍身分にするとしている。

一、当国之儀ハ無恙相調候、甲か(賀)より合力之儀専一ニ候間、○《惣国出張として》伊賀、甲かさかへ目ニ(ママ)て、近日野寄合あるへく候、

そしてこの条文では、伊賀惣国一揆と甲賀郡中惣との協力による伊賀国防衛をしようとしている。このときの状況は、六角承禎《しょうてい》・義治《よしはる》父子は織田信長の上洛を近江観音寺城で阻もうとしたものの敗退して北伊賀に逃亡してきており、さらには伊勢国では北畠氏が降伏し、周辺は信長によって征服されるという緊張状態にあり、来たるべき信長軍との軍事衝突に備える必要があった。伊賀と甲賀は隣接した地であり、基本的には同盟関係にあったが、常に一体となって行動していたわけではなく、天正《てんしょう》初年に甲賀郡中惣が伊賀惣国に対して警戒しているように、一定の距離を保っていた。

また、伊賀地域には山城から平地居館まで、中世城館があわせて六一九ヶ所確認されており、全国一の分布密度とされる。それぞれの規模はまちまちであり、それは居住者の地位を反映していると考えられるが、地形を利用して築かれていることが確認できる。そして、この地域の特徴として、単郭方形四方土塁と呼ばれる屋敷の周囲を土塁と堀で囲んで防御性を高めた構造となっていることが注目される。

さらには、戦国時代に烽火台《ほうかだい》が設置されていることが興味を引く。伊賀国一宮の敢國《あえくに》神社東南にそびえる標高三五〇mの南宮山《なんぐうさん》山頂に一基、その南の標高四〇三mの大峯山に三基烽火台が確認でき、そこを拠点として北伊賀・南伊賀に危急を告げるネットワークが構築されていたと考えられる。忍術書には烽火について詳細な記述があることから、伊賀衆による烽火の技術が忍びに受け継がれていったと言えよう。

鈎の陣

それでは次に、甲賀側の状況について見てみる。甲賀の忍びの起源として語られるのが、長《ちょう》享《きょう》元年（一四八七）室町幕府第九代将軍足利義尚《よしひさ》が近江六角高頼を攻めて鈎《まがり》の陣（滋賀県栗東市）に本拠を置き、それに対して六角軍が甲賀衆とともにゲリラ戦で抵抗したときのことである。

伊賀者の系譜を引く澤村家住宅

江戸時代にまとめられた近江国の地誌『淡海温故録《おうみおんころく》』甲賀郡「前田」の項には次のように記されている。

世ニ伊賀甲賀ノ忍ノ衆ト名高ク云ハ、鈎陣ニ神妙ノ働共ヲ日本国中大軍眼前ニ見及シ故、其以来名高ク誉ヲ得タリ、此陣ニ伊賀ノ川合安藝守一族家臣抜群ノ選功アリシ故、代々ノ屋形伊賀衆ニ懇志也、元来此忍ノ法屋形ノ秘軍亀六ノ法ヲ此時ノ大事ニ伝授ノ由也、其ヨリ以来弥々鍛錬シテ伊賀甲賀衆誉多シト云、忍ト云ヲ舟ト書ク由伝授アルベシ、世に伊賀・甲賀の忍びの衆と名高く言っているのは、鈎の陣のときに神妙の働きをしたのを日本国中の大軍が眼前にしたため、それ以来、名が知れわたった。この戦いの時に伊賀の川合安藝守の一族家臣が抜群の戦功をあげたため、代々の近江守護は伊賀衆と懇志なのである。もともと忍びの法は佐々木氏が秘密に伝えてきた「亀六《かめりく》ノ法」をこのときの大事として伝授したのだという。そして、それ以来伊賀・甲賀衆が鍛練して戦功を遂げたとする。「亀六ノ法」とは、敵が攻めてきたときには、亀が甲羅の中に手足頭を引っ込めるように、山中に身を隠して、神出鬼没に敵を襲撃するというゲリラ戦法を指すものと考えられる。また、『蔭涼軒日録《いんりょうけんにちろく》』長享二年三月二十二日条には、六角勢は伊賀にあって伊賀衆二百人を六角の被官にして江州へうち入るべきの談合をしていたことを記すことから、甲賀衆と伊賀衆とはつながっていて、事あれば連帯していたことがわかる。正徳《しょうとく》二年（一七一二）作成とされる「甲賀古士由緒書案」（『山中文書』二七三）には以下のような記述がある。

長享元年仲秋、江州之国主佐々木氏六角判官政頼・高頼之父子、背公方義尚公之上意而、為同志望謀叛也、因之、義尚公大怒テ、而同九月七日率諸国之武兵、発向江州、既相戦及八九之両日、遂不得其勝利而退帰リ、然所高頼・朝頼等組合甲賀之城主等、同十月朔日之夜忍入於義尚公之陣中、已相戦而有夜討之軍功也、于時江州之軍勢都合壱万六千七百余騎

也、其中ニ甲賀之加勢武兵五拾三人之内、就中廿一騎之武兵者軍功甚振矣、斯以甲賀居住名武家各為廿一館者也、
延徳元年二月廿日江州鈎《マガリ》之合戦有之、是又甲賀之廿一家者各有夜討戦功也、此時公方義尚公味方敗軍之刻、於鈎之戦場廿六歳負手他界也、

このように、長享元年十月朔日に甲賀の城主を先手として義尚《よしひさ》の陣中に忍び入って軍功を遂げた一万六千七百余騎の中に甲賀古士五十三家があり、さらにそのうちの二十一人がめざましい働きをしたとして、これが甲賀五十三家、さらには二十一家の由緒だと語っている。

二十一家とは、柏木三家の伴・美濃部・山中、荘内三家の鵜飼・内貴・服部、南山六家の池田・上野・大原・高嶺・多喜・和田、北山九家の芥川・岩室・大河原・大野・隠岐・黒川・佐治・神保・頓宮をさす。また五十三家はこれに加え、饗庭・上田・宇田・大久保・小川・葛城・上山・嵯峨・倉治・小泉・新庄・杉谷・杉山・高野・高山・多羅尾・土山・鳥居・長野・中山・野田・八田・平子・牧村・望月・山上・青木・岩根・夏見・針・三雲・宮島をさす。なお、これらは史料により異同がある。江戸時代になって語られる甲賀古士五十三家や二十一家がすべて忍びだったわけではないが、その中には忍びの術も身につけていた者がいたとは言えるだろう。

また、長享元年閏《うるう》十一月十九日には幕府御伴衆伊勢貞誠《さだなり》の陣から火が出て、下鈎の過半が

焼失し、長享二年正月九日には三宝院政紹《さんぼういんせいしょう》の陣所が火事で焼失するということが起きるが、これらは甲賀衆によって火をつけられたと考えられ、忍びは火術に長けていることから、甲賀衆の中には忍び込んで火をつけるという戦法に長じていた者もいたのではないだろうか。

なお、義尚（義煕《よしひろ》）は戦場で傷を負ったことによって亡くなったことになっており、これをもとに忍びに襲われたことを推測する向きもあるが、『北野社家日記』によると、たびたび北野社に対して病気平癒の祈禱命令が出されていることから、病気のための死去だったと推察できる。

甲賀郡中惣

甲賀の国人・土豪は惣領家を中心に同名中と呼ばれる同族集団を形成し、組織の意思決定は談合と呼ばれる合議制を原則とし、多数決が採用され、それでも決まらない場合はくじにより決定された。そしてその決定に基づき、奉行中と呼ばれる集団が執行した。甲賀郡において最も古い同名中の存在を確認できるのは、延徳《えんとく》四年（一四九二）七月十二日の「山中一家中・同名諸氏連署状案」（『山中文書』一八九）だとされている。

永禄十三年（一五七〇）三月二十四日「大原同名中与掟《くみおきて》写」（『大原家文書』一九八）には、合戦や喧嘩が起こって非常を告げる鐘が打ち鳴らされた際には、大原荘の百姓・堂僧に至るまで、「得道具」を持って駆けつけるべき旨が記されている。「得道具」とは各自が得意とする武器のことと思われ、同名中においては自衛のための武器を各自が所有し、日々その鍛練をしていたことが推測される。また、「毒飼」の禁止が謳われていることも興味深い。永禄九年（一五六六）十二月十五日柏木三方中惣起請文案（『山中文書』二三五）にも毒害を行った人物は成敗する旨が記されており、毒害とは毒殺のことを言っている。これは人に対してなのか動物に対してなのかわからないが、禁止が複数の文書に記されていることから逆に毒殺がしばしば行われていたことがわかり、これは忍びも密かに用いたとされる毒につながるかもしれない。

こうした土豪たちの住む居館は、伊賀と同様半町（約五〇ｍ）四方で、周囲を高くて厚い土塁と堀で囲む単郭方形四方土塁であり、現在遺構が確認できるものは一八〇基以上だとされる。これは、自治により地域を守ろうとした結果である。こうしたあり方は、伊賀・甲賀だけに見られる共通した特徴である。

そして、三つの同名中が結合して三方という組織が結成され、そこでの掟も取り結ばれた。三方は近隣の村落間の相論の裁定を行うこともあった。それがさらに結合した組織が郡中惣で、郡全体の結合であった。郡中惣では各同名中惣の奉行による意思決定がなされ、他国・他郡との争いや寺社間の争いのときなどに関与した。甲賀郡中惣は、天正十三年（一五八五）春の羽柴秀吉による紀州雑賀攻めの際に、守護を命じられていた堤が決壊した責任を問われ、二十人ばかりが改易された「甲賀ゆれ」によって解体された。そこで召し放たれた甲賀衆たちが、江戸時代になると甲賀古士として自らの由緒を語っていったようである。

三、「忍び」の実際

「忍び」の定義

戦国時代に忍びはさまざまな活動をし、見えないところで世の中を動かしてきた。忍びについての辞書での説明は、十七世紀初頭に長崎で発行され、日本語をポルトガル語で解説した『日葡辞書』に記されている。

Xinobi. シノビ（忍び）戦争の際に、状況を探るために、夜、または、こっそりと隠れて城内へよじ上ったり陣営内に入ったりする間諜。

そして、用例として二つあげられている。

Xinobiuo suru.（忍びをする）上述のように探索をするために入り込む。
Xinobiga itta.（忍びが入つた）間諜が入り込んだ。

　これらの説明から、忍びとは城壁によじ上ったりして密かに敵城に入り込み、情報を得ることを任務としていたと言える。そして、辞書にも記されていることから、忍びの存在が戦国時代には一般に認知されていたことがわかる。

　また、鎌倉時代に制定された武家法を条文化した『御成敗式目』の注釈書で、天文《てんぶん》二十三年（一五五四）八月中旬の奥書のある『御成敗式目注　池邊本《いけべぼん》』「強竊二《ごうせつに》盗罪科事《とうざいかのこと》」には以下の注が書かれている。

　強竊トハ、強盗、竊盗ノ二也、強盗ト云ハ、賊盗律ニ云、以二威力一奪二人ノ財宝一者也、竊盗ト云ハ、賊盗律云、無二威力一竊盗二人ノ物一者也、世間ニシノビト云是也、

「シノビ」とは窃盗であって、強盗とは違って力ずくでなく人の物を盗む人のことをいうと述べている。すなわち職能としての「忍び」とともに、盗みを働く者についても「忍び」と呼ばれていたことがわかる。

『日本国語大辞典』で「忍び」をひくと、以下の意味があることがわかる。(1)目立たないようにすること。隠れたりして人目を避けること。(2)人目に付かないような、もののかげ。(3)こらえること。がまんすること。(4)「しのびあるき（忍歩）」に同じ。(5)「しのび（忍）の術」の略。

(6)「しのび（忍）の者」の略。(7)「しのびがたな（忍刀）」に同じ。(8)「しのびあい（忍逢）」の略。(9)伏兵。(10)他人の財物をひそかに盗む者。窃盗。(11)草履（ぞうり）をいう、盗人仲間の隠語。(12)夕暮れをいう、盗人仲間の隠語。

「忍ぶ」の名詞形である「忍び」という語は、隠れて目立たないでする行為から派生して、がまんしたり、さらには窃盗のことまであらわしている。そのため、忍びという職能は一つ間違えば窃盗になってしまうのであり、そのため伝書類では心構えが大事なことを強調している。忍びは諸大名が抱え、諜報活動をはじめ、敵の所在地に侵入し、生け捕り、放火、戦闘などに関わることもあった。

さまざまな呼称

戦国期の忍びは「シノビ」と呼ぶのが一般的であるが、その他さまざまな呼称があった。十七世紀中葉成立の楠流《くすのきりゅう》忍術書『当流奪口忍之巻註《とうりゅうだっこうしのびのまきちゅう》』には、奪口《だっこう》のほかに、透波《すっぱ》・風間《かざま》といった言葉があったことを記している。

此當流ト云ハ、則楠流ノ事也、奪口ト云ハ忍ノコトニテ、其家々ニ依テ名ノ替リアリ、既ニ甲州武田家ニハスツハト云テ盗人ヲ用ユ、北条家ニハ風間ト云テ盗賊ヲ用タリト云、俗ニスツハノ如クナト云コト、是武田家ノ忍ヨリ出ツ、雨フリ風間ニ忍ナト、云コト、是北

条家ノ忍ノ上手ノ手ヨリ出タル詞也、

また、『甲陽軍鑑《こうようぐんかん》』下巻下六には、「大敵切所を構、永陣ハ、味方大ニ勝、吉事也。必ズ其国郷談、すつぱを用る事」のように、郷談（饗談）・すっぱ（透波）を用いることによって勝利を得ることができると書かれている。

その他、乱波《らっぱ》・草・かまり・軒猿《のきざる》・やまくぐり衆などの名称もあったことが知られており、各地で独自の呼称が用いられた。例えば「スッパ」という語を調べてみると、『文明本節用集』には、「水破胡乱義」と記されていることから、遅くとも十五世紀後半には用いられた語であることがわかり、『日葡辞書』にも、「Suppa. スッパ」について、「欺瞞、または、虚言」との説明があり、「Suppana mono. スッパナモノ」については、「浮浪者、または、人をだます者」などとあり、戦国時代には疑わしかったり、人をだましたりすることを示す語として「スッパ」が定着していたといえる。

『武家名目抄《ぶけみょうもくしょう》』第二には、スッパ・ラッパについて、あまり身分が高くなく野武士であったり強盗だったりした者を雇い、諸大名が忍びの役を担わせて置いた存在だとしている。

按透波或は乱波といふ、これは常に忍を役するものゝ名称にして、一種の賤人なり、たゞ忍とのみよへる中には、庶士の内より役せらるゝもあれと、透波とよはるゝ種類は大かた野武士強盗なとの内よりよひ出されて扶持せらるゝものなり、されは間者かまり夜討なとには殊に便あるか故に、戦国のならひ大名諸家何れもこれを養置しとみゆ、

また、「関東にては大かた乱波と称し、甲斐より以西の国々は透波とよひしとみえたり」とも書かれている。

年未詳（天正十年カ）十月十三日北条氏邦書状写（「諸州古文書」十二武州『戦国遺文後北条氏編』二四三一）には、「自信濃、すつは共五百ほと参、其地可乗取之由、申来候、昼夜共ニ能々可用心候」とあり、信濃から「すつは（透波）」どもがやってきて乗っ取ろうとしているので、昼夜ともによくよく用心しなければいけないということを記しているなど、スッパは武士の先頭に立って工作活動をする存在だったことがわかる。

義盛百首

さらには、忍びの歌についてまとめられた『義盛百首《よしもりひやくしゅ》』に掲載される歌からも、忍びの実際についてうかがうことができる。『義盛百首』は、源義経の郎党で『平家物語』には鈴鹿山の山賊とされる伊勢三郎義盛が作者に仮託される道歌百首を載せる歌集で、実際には十七世紀初頭に成立したとされる。伊勢三郎義盛は、『万川集海』忍術問答でも、楠木正成父子・武田信玄・毛利元就・上杉謙信・織田信長と並んで忍術使いの筆頭にあげられる人物で、「中ニモ義

盛ハ忍ビノ事ヲ歌百首ニ詠ジ置キ、今ニ伝フ」と記されるなど、義経との関係から忍術使いとして重要視されており、兵法の奥義をまとめた『義経百首』に対応して『義盛百首』も編まれたのだろう。『義盛百首』の初出は『軍法侍用集』巻第七第二十「よしもり百首の事」であり、以下の引用もそれによる。

ようちにはしのびのものを先立て、敵の案内しりて下知せよ
軍には窃盗《しのび》物見をつかはして敵の作法をしりてはからへ
窃盗者《しや》に敵をとひつゝ下知をせよたゞあやうきは推量のさた
はかりごとも敵の心によるぞかししのびを入れて物音をきけ

こうした歌では、まず敵方の事情を知ってから攻め込むことが重要であると詠っており、忍びの重要性を説いている。

いつはりもなにかくるしき武士《もののふ》は忠ある道をせんとおもひて
しのびとて道にそむきしぬすみせば神や仏のいかでまぼらん
窃盗《しのび》には三つのならひのあるぞかし論とふてきと扨《さて》は智略と

こうした歌からは、忍びは盗みとは違い、「武士」であって、「忠」なる心が大事であると説いていることがわかる。また、忍びは「論」すなわち口が上手《うま》いことと、「不敵」すなわち何事も恐れることのない勇気と、「智略」すなわち才覚が必要であると説いており、これらは先に述べた『軍法侍用集』の記事につながるところである。さらに、次の歌が忍びの特徴を示している。

敵にもし見つけられなば足はやににげてかへるぞ盗人《ぬすびと》のかち

現在、忍術といえば武術の一種だと考えられている節があるが、「しのび」が闘うことはほとんどなかったものと思われる。この歌でも、敵に見つけられたら足早に逃げて帰るようにと詠われている。忍びの最も重要な職務は、兵糧がどれくらいあるのか、城の構造はどうなっているのかといった敵国の情報を伝えることである。もし敵と戦ってしまうことになれば、自らが死んでしまう可能性が高くなり、味方に情報を伝えられなくなって戦闘計画もたてられなくなってしまう。そのため、侵入する前には出口を確認しておき、敵に見つかったら戦うのではなく逃げてくるのが第一なのである。

このような『義盛百首』に収められる歌は、戦国時代から江戸時代初頭にかけての「しのび」の実像をうかがうことのできる好史料といえよう。

各地の忍び

それでは次に、伊賀・甲賀以外の忍びに関する記述を見てみよう。『万川集海』巻第一には、忍びの名として、夜盗・スツハ・簷猿《のきざる》・三者《みつもの》・饗談などがあることを記している。伊予河野氏が来歴を記して十四世紀末に成立した『予章記』（『群書類従』）正平《しょうへい》二十三年（一三六八）閏六月十一日条には、「大空城へ正岡六郎左衛門尉忍ヲ入テ打落ス」とあり、伊予国でも忍びがいて、城へ侵入して落としたことを記している。

出雲の尼子一族の盛衰を叙した合戦記『中国治乱記』（『群書類従』）天文九年（一五四〇）九月二十三日条には、「尼子ハ青山三塚山ニ陳ドル、毛利方ヨリシノビノ兵ヲ出シ風越山ノ勢ヲ切崩ス」のように、安芸国吉田郡山城の戦いにおいて、毛利元就から尼子詮久《あきひさ》（晴久）勢に対して忍びが放たれたことが記されている。また元就は盲目の座頭衆を使って情報収集を行っていたことが『陰徳太平記』や『雲陽軍実記』に記述されている。

室町幕府評定衆摂津之親《ゆきちか》による『長禄四年記』（一四六〇）閏九月十日条には、「畠山修理（義忠）大夫入道殿屋形焼失寅刻許、忍火付云々」との記述があり、京都の畠山義忠の邸宅が焼失した際、忍びが火を付けたとの噂があったことを記している。

諸大名は忍びを雇って大規模な戦闘が行われる前に情報戦などのさまざまな活動をさせていたが、そうした行為は正当な行為とはみなされていなかったようである。文安《ぶんあん》元年（一四四四）十月十四日伊東祐堯《すけたか》一揆契状は、日向国都於《との》郡《こおり》を本拠とする山東地方の有力国人である伊東祐堯が、日向国庄内地方の有力な島津一族である樺山孝久と交わした文書だが、その中で、「自今以後、此衆中御持の御城を、相互に忍び忍ばれ申すべからず候」のように取り決めがなされていることが注目される（『鹿児島県史料』旧記雑録拾遺・家わけ五「樺山文書」一二二号）。すなわち、「一揆を結んだからには、お互いの城に忍びを放つようなことはもうやめよう」と言っており、忍びを使って相手の状況を探ることは正々堂々とした行為でないと認識されていたのだろう。

また、弘治《こうじ》二年（一五五六）下総国結城の領主結城政勝が制定した分国法『結城氏新法度』第二十七条に「草・夜業」についての法令が記されている。

草・夜業、斯様之義は、悪党其外走立つもの一筋ある物にて候。それに事言付候処、若き近臣之者共、表向はすゝどきふりを立て、内々は敵［　　］上も女之一人も可レ取候はん方心がけて、言付けられぬに何方へもまかり、なにゝなり候ても、其跡を削り候べく候。

「草」や「夜業」といった者たちは、悪党で行動の敏速な者たちであり、そうした者のまねをして、若い者共が表向きは機敏さをひけらかして、内には女の一人でも取ってこようと思って、命令を受けていないのにどこへでも行き、その結果どのようになったとしても、その跡を削ってなくすということをうたっている。すなわち、結城氏は草・夜業といった職能の者を抱えており、そうした者たちは特殊な能力を身につけているので、まねをしたりするようなことを禁じているのである。

越前国守護朝倉孝景の分国法『朝倉孝景条々』には、「年中に三箇度計、器用正直ならん者に申付、国をめぐらせ、四民諸口の唱へを聞、其沙汰可レ被レ致候、少々形を引替て、自身巡検も可レ然候事」とある。「器用正直」な者に命じて国内をまわらせて、民衆がどのようなことを話しているか聞いて、それを政治に反映させようとしている。そしてまた主君が変装して巡検してもよいとしている。さらには「天下雖レ為二静謐一、遠近之国ニ置二目付一常可レ被レ為レ窺二其風儀一事」とあり、諸国に目付を置いて常に状況をうかがうようにとの記述がある。これらをすべて忍びが行っていたというわけではないが、戦国時代という時代背景の中、常に国内外の動向に注意し、情報を得るということはとりわけ重要であった。

北条氏の忍び

永禄五年（一五六二）三月二十二日北条氏康判物（「本田文書」『戦国遺文後北条氏編』七五〇）は興味深い文書である。

葛西（武蔵国葛飾郡）要害以レ忍乗取上申付者、為二御褒美一可レ被レ下二知行方一事、

一ヶ所　曲金
二ヶ所　両小松川
一ヶ所　金町
　以上
一、代物五百貫文、同類衆中江可レ出事、
　以上
右、彼地可二乗取一事、頼被二思召一候、此上ハ不レ惜二身命一、可レ抽二忠節一者也、仍状如レ件、
　永禄五年
　　三月廿二日　　　　　　　　氏康（花押）
　　　本田とのへ

「葛西の要害、忍びをもって乗っ取り上げ申し付くれば、御褒美として知行方下さるべきこと」として、下総国と武蔵国との国境にある葛西城を忍びによって乗っ取って、北条氏に差上げることができたなら、褒美として曲金、両小松川、金町に領地を、代物五〇〇貫文を同類衆にあげようという内容の文書で、実際四月には葛西城が落城して、金町は褒美として与えられたようである。

また、北条氏の旧臣三浦茂正（浄心）が北条氏の五代にわたる逸話を集めた書『北条五代記』「昔矢軍《いくさ》の事」にも忍びに関する記述がある。

其比は其国々の案内をよく知《しり》、心横道《おうどう》なるくせ者おほかりし。此名を乱波《らっぱ》と名付、国大名衆扶持《ふち》し給へり。夜討の時はかれらを先立れば、知《しら》ぬ所へ行に、灯《ともしび》を取て夜《よ》る行がごとく、道に迷わず。足軽共五十も百も、二百も三百も伴ひ、敵国へ忍び入て、或時は夜討分取高名《ぶんどりこうみょう》し、或時は境目へ行、藪原草村の中に隠れ居て毎夜敵をうかゞひ、何事にもあはざれば、暁がた敵にしらせず帰りぬ。是をかまり共、しのび共、くさとも名付たり。「過し夜はしのびに行、今朝はくさより帰りたる」など、いひし。

大名は「乱波《らっぱ》」と呼ばれる国々の状況をよく知っている心横道なくせ者を雇って、夜討の時に道案内をさせて敵国へ忍び入ったり、あるときは夜討・待ち伏せをし、あるときは領国の境で藪や草の中に隠れて敵の状況をうかがっていた。また「乱波」以外にもこうした輩は「かまり」「しのび」「草」などと呼ばれ、本隊が攻め込む前に敵方に潜入して情報を収集する役を務めていたことが記されている。

風間（摩）

『北条五代記』「関東の乱波智路（略）の事」では、乱波について記した上で、北条氏直は乱波を二百人扶持していて、その中の一番の悪者の名を風摩といい、風摩の仲間の中に四人の盗人がいたとする。

　氏直乱波二百人扶持し給ふ中に、一の悪者有。かれが名を風摩《かざま》と云。たとへば西天竺《さいてんじく》九十六人の中、一のくせ者を外道《げどう》といへるがごとし。此風摩が同類の中、四頭あり。山海の両賊、強竊《ごうせつ》の二盗是なり。山海の両賊は山川に達し、強盗はかたき所を押破て入、竊盗はほそる盗人と名付、忍びが上手。此四盗（頭）ら、夜討をもて第一とす。

そして、風摩は二百人の中でも隠れなき大男で、身長は二一八cmほど、手足の筋骨は荒々しく、ここかしこにむら瘤があって、目は逆さまに裂け、黒髭で、口は両脇へ広く裂け、牙《きば》を四本外へ出していて、頭は福禄寿に似て、鼻は高く、声を高く出せば五km以上先でも聞こえ、低く出せばしわがれた声でかすかであり、見間違えることはないという。

　それ風摩は二百人の中に有てかくれなき大男、長《たけ》七尺二寸、手足の筋骨あら〳〵敷、こゝかしこに村《むら》こぶ有て、眼はさかさまにさけ、黒髭《ひげ》にて、口脇両へ広くさけ、きば（牙）四つ外へ出たり。かしら《(頭)》は福禄寿に似て、鼻たかし。声を高く出せば、五十町聞え、ひきく《(低)》いだせば、からびたるこえにて幽《かすか》なり。見まがふ事はなきぞとよ。

さらに、『関八州古戦録』巻之第一「上杉憲政武州河越城責の事」では、

亦此陣中南方より相州の風間《カサマ》小太郎か指南を得たる二曲輪猪助と云忍《シノビ》の骨《コツ》張を密に柏原へ差越、執《トリ》合の首尾敵方の配立を巨細に注進なさしめけるが、

とあり、北条氏康は風間小太郎配下の二曲輪《にぐるわ》猪助《いのすけ》という忍びを相模国柏原城の上杉軍を探るためにひそかに遣わしたことを記す。そして「風間」には「カサマ」とルビが振られていることから、「フウマ」ではなく、「カザマ」と呼ぶのが正しいと思われる。

風間は軍記物に登場するだけではなく、文書にも見られる。そしてそこでは悪党集団とされている。北条家虎朱印状写（「新編武蔵風土記稿」一一一『小田原市史史料編中世Ⅲ』一一〇六）には以下のように記されている。

風間来七月迄六ヶ村被レ為レ置候間、宿以下之事、無二相違一可二申付一候、万一対二知行分一、聊も狼藉致ニ付而者、風間ニ一端相断、不レ致二承引一者、則書付者《〔之〕》、小田原へ可レ捧候、

明鏡ニ可レ被二仰付一候、馬之草・薪取儀をは、無二相違一可レ為レ致レ之者也、仍如レ件、

壬辰
五月七日（虎朱印）　笠原藤左衛門尉奉

岩井弥右衛門尉殿
中村宮内丞殿
足立又三郎殿
浜野将監殿
立川藤左衛門尉殿

風間来たる七月迄六ヶ村に置かせられ候間、宿以下の事、相違なく申し付くべく候、万一知行分に対し、いささかも狼藉致すに付きては、風間に一端相断り、承引致さざれば、すなわちこれを書き付け、小田原へ捧ぐべく候、明鏡に仰せ付けらるべく候、馬の草・薪取りの儀をば、相違なくこれを致すべき者なり、よって件のごとし、

北条氏政は、岩井弥右衛門尉等に、配下にある風間用の宿の手配を命じており、風間が狼藉を働いた場合は、一度は注意し、それでも承引しない場合は書き付けにより小田原へ申し出れば、道理に任せてひいきなく裁定するとしている。

さらに、北条家裁許朱印状写（「武州文書」一二『小田原市史史料編中世Ⅲ』一一三七）では、武蔵砂原の百姓の愁訴により、風間が在宿することを認めない旨伝えている。これらの文書か

ら、風間は実在した乱波集団で、北条氏に召し抱えられて夜討や忍びなどの活動をしていたことがわかる。

また、『北条五代記』では、夜討強盗して帰るときに、「立すぐり・居すぐり」というやり方があると記されており、松明《たいまつ》をともし、約束の声を出して、諸人同時にさっと立ち、さっと座る敵を選びだすための方法だという。この方法は『太平記』巻第三十四「平石の城軍の事付けたり和田夜討の事」で、南朝の和田・楠木氏といった悪党集団が、外敵を識別するために用いている。この記述はほとんど同じため、『北条五代記』は『太平記』をもとに記述していると言えるが、同じ悪党集団として技が伝えられるということを考えてもよいだろう。

そして、江戸時代になっても風摩を名乗る集団が関東一円で盗みを働いていたようである。三浦茂正（浄心）による『慶長見聞集』巻之七「関八州盗人狩の事」では、関東で盗人が多くあって諸国に横行し、人の財産を奪い取り、土民を悩まし、旅人の衣装をはぎ取ったりしていたため、それらを捕らえて首を切ったり、磔《はりつけ》にしたり、火あぶりにしたものの、下総の向崎という在所の近くに甚内という大盗賊がいて、訴えたことには、

関東に頭をする大盗人千人も二千人も候へし。是皆古しへ名をえしいたつら者、風魔か一類らつはの子孫ともなり。此者ともの有所残りなく存知たり。案内申べし。盗人狩給ふへし。

と申し出たため、幕府はこれを受け入れて関東国中盗人狩りを行ったとされ、これ以降風間に関する記録を見出すことはできない。

上杉氏の忍び

元禄《げんろく》十一年（一六九八）に成立した越後国上杉氏に関する軍学書『北越太平記』巻之五上には以下の記述がある。

> 謙信は忍の者とて、敵陣近く行て敵の様子を見聞て来るに、敵に知《しら》れぬ様に帰るべき者を、兼て選《えらみ》て其道を教て数多置き、何方《いづこ》へも召連られ候。只今上杉家にて夜盗組と申て其役有レ之。故に信州にても貝津、下米宮、河中島、桑原、大塚、原の町辺に毎夜被二付置一候処に、九月九日の夜に入て貝津辺の伏齅《ふしかぎ》ども西條山へ来て申は、甲州勢貝津城を出て馬武具の音して川下《しも》へ行くと見候が、筑麻川を渡すかと見え候と申。

この記述によれば、上杉謙信は、忍の者として敵情を知る者を数多く置いて、どこへ行くにも連れていったという。そして江戸時代にはその名を、夜盗組《やとうぐみ》と呼んでいるという。永禄四年（一五六一）の第四次川中島合戦の際に、謙信は妻女山《さいじょさん》に陣を構え、武田信玄軍が貝津城（海津城）に入ると、伏齅《ふしかぎ》と呼ばれる忍びを各所に遣わし、武田方の状況を探った。

また、元禄十五年（一七〇二）の序文のある『越後軍記』巻之四「景虎、越中の国境迄発軍の事附戦はずして帰陣の事」では、天文十七年（一五四八）十月五日、長尾景虎（上杉謙信）は近習の者七名に「聞者役《もんしややく》」を言いつけ、三人は甲州へ、四人は越中・能登・加賀へ遣わし、国主の政道や家臣の行跡、庶民の風俗などを詳しく調べて注進させているが、聞者役とは忍の者、あるいは目付・横目の類であるとしている。

そして、『万川集海』では上杉謙信は饗談を使ったとしている。これら軍記に記される忍びの別称は、文書類から裏づけることはできないが、あえて物語を創作する必要がある場面ではないため、忍びのことを夜盗組・伏齅・聞者役と呼んで探索にあたらせたということは言えるのではないだろうか。

一方、しばしば上杉氏が軒猿と呼ばれる忍びの者を使ったとされるが、これを文献上から確認することはできない。軒猿は『万川集海』巻第一に、軒下に猿のように潜んで敵の内証を見る役だと記述されているが、どの地域で軒猿と呼ばれていたかについては記していない。

武田氏の忍び

甲斐の武田氏の軍学書『甲陽軍鑑』品第四十一「軍法序」では、軍法には武略・智略・計略の三つがあり、その作法について十分に知ることによって勝利を得られるのだとして、以下のように記している。

敵をそゝりたて、働ク敵を見合セ、はんとをうち、かまりをもつてころし随へ、或ハ敵の内に帰伏《きぶく》の侍をまねき、或は味方に謀《はかりごと》ある勇士を近付ケ、敵国へさしつかひ、其行《てだて》を能《よく》きゝとりて、其敵を全ク亡す事、是先ッ大形《かた》智略のもとなり。又計策は、出家町人百姓なンどの才覚あるものを、常に恩をあたへて後、敵国へつかひ、敵の大将才智なくして、好《このむ》事を過して万民までもうとむ処を聞つくろひ、敵国をさだゝせ、其国をせめ、又は敵の内に邪欲の者をきゝきはめ、引物《いんぶつ》色々をもつて其敵を随《したがう》る事、大形是計策ノ元也。

敵を挑発して、働く敵をよく見て、行軍の途中を攻撃し、「かまり」を使って殺し降伏させ、あるいは敵の内に内通する侍をつくり、あるいは味方で謀略に優れた勇士を相手に近づけ、敵の行いを聞き取って壊滅させることが、まず智略の基本である。また、計略は、出家・町人・百姓などの才覚ある者に、常に恩を与えておき、敵国に遣わし、敵の大将が才智なくて好き勝手して民衆に疎まれているところを聞き出して、敵国を騒ぎ立たせてからその国を攻め、または敵の中の邪欲の者を聞き出し、贈り物をいろいろすることによってその敵を従えることが計略の基本だとする。こうした活動は忍びがよくする活動である。実際そうした者をどのように活用したかということに関しては、品第廿二「甲信境せざわ合戦之事」に以下の記述がある。

信濃の国よりかゝへ置給、すつぱ七十人の内より卅人、足手すくやかなる者えらび出し、妻子を人質にとり、甘利備前に十人、飯富兵部に十人、板垣信形に十人、右三十人の人質を三処にあづけ、さて其すつぱ卅人を、村上方へ十人、頼茂方へ十人、小笠原方へ十人、指越《さしこし》、様子を見候て、二人づゝ罷帰《まかりかえり》、此方より出むかひ候侍に申わたし、すつぱ共は又敵地へ罷越候へと、晴信公すつぱ共に直《じき》に仰付られ、指越給ふ。

天正十一年（一五八三）三月の甲信国境瀬沢峠での信州勢との戦いの際に、武田信玄は信州内からすっぱ七十人を集め、その中から優秀な三十人を選び、その妻子を人質に取った上で敵の動向を探らせた。信玄は敵の強弱、兵糧の有無、敵国の地理的状況、生活状態、規律などの情報を得ることに努め、その際にすっぱが活躍した。

また、品第四十二にはすっぱが行った具体的な手法について記されている。「あひづ《（相図）》の物見」「あひづの小旗」「計策文の認《したため》やう」「あひことば《（合言葉）》」「峻難をよく見る」「伏かまりに風の大事」などについて記され、その内容については極秘事項として「口伝」とされている。

伊達氏の忍び

仙台藩初代藩主伊達政宗の重臣である伊達成実《しげざね》が著した政宗の一代記『政宗記』巻四「成実

「領地草調儀の事」には、「草」について次のように記述している。

奥州の軍言《いくさこと》ばに、草調儀或は草を入る、或は草に臥、亦草を起す、扨草を捜すと云ふ有。先草調儀とは、我領より他領へ忍びに勢を遣はすこと、是草調儀といへり。扨其勢の多少に依て一の草・二の草・三の草とて、人数次第に引分に段々跡に扣へ、一の草には歩立計りを二三丁も先へ遣はし、敵居城の近所迄夜の内より忍ばせけるを草を入ると名付。其より能場所を見合隠居、草に臥と云ふ。尓して後夜明けなば内より往来に出ける者を一人成りとも、たとえば幾人にても敵地より出かゝりけるを、一の草にて討て取ること、是草を起といへり。

「草」という語は「忍び」を示す言葉として、東北地方でしばしば用いられている。この文章では「草」のつく用語の説明をしている。「草調儀」とは自領から他領へ忍びを派遣することで、敵城から近い順に一の草・二の草・三の草のように分けて忍ばせて、そのことを「草に臥す」といい、敵地から外に出る人を一の草で討ち取ることを「草を起す」と呼んでいる。そして、この記述の後には、天正十六年（一五八八）三月に成実の領地玉井《たまのい》（福島県大玉村）に会津の葦名《あしな》氏に属する高玉《たかたま》から草を入れた話が記されている。「草」は文字通り、主として草むらに潜んで待ち伏せする作戦をとり、諜報活動だけでなく潜伏して戦闘する集団のことを言っている。また、『伊達天正日記』には、これと関連して「草朝儀」がなされたことが詳しく記されている。

『謀計須知《はかりごとすうち》』には、「伏」として同様のことが記されている。

先伏・中伏・後伏ト云アリ、先伏トハ敵ノ本部近キ地ヲ択テ夜中ニ兵ヲ埋伏セシメ、合戦最中ニ本陣ニ斬蒐ルコトナリ、中伏ト云フハ彼我ノ先手ト先手ノ中間ニ伏兵ヲ置キ、物合詰テサル内ニ不意ニ伏ヲ起シテ蒐ルコト也、後伏トハ身方ノ備二三町或ハ六七町モ後ロニ越テ、若合戦利アラス退クトキ敵勝ニ乗リ追来ル処ヲ討ン為ナリ、

この記述からは、「伏」とは三段階に分けて味方を潜伏させて草に伏せさせておき、戦闘態勢をとった集団のことを言っていることがわかる。

一方、伊達氏が使った忍びとしては黒脛巾《くろはばき》組《ぐみ》がよく知られている。明和《めいわ》七年（一七七〇）の序のある半田道時『伊達秘鑑』巻之十七「七大将安積表出張之事」には以下の記述がある。

政宗兼テ慮リアツテ、信夫郡鳥屋ノ城主安部対馬重定ニ命シテ、偸《シノビ》ニナレタル者五十人ヲエラミ、扶持ヲ与へ、コレヲ黒脛巾組ト号ス。柳原戸兵衛・世瀬蔵人ト云者ヲ首長トシテ、安部対馬之ヲ差引、所々方々へ分置キ、或ハ商人・山臥・行者等ニ身ヲマギレテ、連々入

魂ノ者モ出来レハ、其便宜ヲ以テ密事ヲモ聞出シ、其時々コレヲ密通ス。

伊達政宗は鳥谷野《とやの》（福島市）の安部重定に命じて、忍びに慣れた者五十人を選んで扶持を与えて黒脛巾組とした。彼らは商人・山伏・行者等に扮《ふん》して情報収集し、黒の皮脚絆をはいていたため黒脛巾組の名が付けられたとする。そして天正十三年（一五八五）十一月の佐竹氏や蘆名氏らと戦った人取橋の戦いや、天正十六年（一五八八）の蘆名氏や相馬氏と戦った郡山合戦の際に黒脛巾組が潜入して情報収集にあたったことを伝えている。その内容についてすべてを信じるわけにはいかないが、戦闘にあたって情報収集の役目を果たした人々がいたことは確かだろう。

朝鮮から見た忍び

また、朝鮮の記録にも忍びについて記されていることは興味深い。『朝鮮王朝実録』中宗七年五月戊申条にその記述がある。一五一二年に慶尚道漆原《キョンサンドチルウオン》で囚禁されていた倭人の要時羅（与四郎）が通詞に語り、慶尚道観察使によってソウルに急報された情報に忍びに関する記述が見られる。

島主《宗盛順》曰く、「若し永く和せざれば、則ち先ず巨済を攻むる事、これを議せん」と。今年の内に出兵して来攻めせんこと明らかなり。（中略）独り此れのみにあらざるなり。深遠の国花加大国に在る所の時老未なる者、能く形体を変作し、陣中に入帰する時は則ち鼠に似たり、還出する時は則ち烏鳥の如く、変行窮まり無し。稠人例びて左右に在りと雖も、解見するを得ず。此の人を求請して城柵・屋舎を焚焼せんと欲して設計する事、対馬の人紛として開説す。予、乃ち聞知して出来せり。

要時羅は、一五一〇年に起こった三浦《さんぽ》の乱で戦死した倭人の遺族の求めによって対馬島主宗《そう》盛順《もりより》が花加大（博多）にいる「時老未」の助けを得て巨済島を攻めようとしていることを伝えている。村井章介によれば、「時老未」は시노미（シノミ）であって、「しのび」の音写と考えてよいという。この「時老未」は、姿形を変作するのに巧みであって、陣中に入るときは鼠にも似て、出るときは鳥のようであって、自在に姿を変えて、誰にも見つけることができなかった。そして対馬では彼らに助けを求めて城柵や屋舎を焼き払おうとしていると伝えたのであった。

この記述からは、「しのび」は単なる情報を得るための人員ではなく、姿態変容して敵方に忍び込み、火をつけたりする存在だったことがわかる。ここでは博多の忍びだが、おそらく戦国時代には各大名が同様の忍びを抱えていたことが推測できる。

そして、文禄《ぶんろく》の役のとき、徳川家康は肥後国名護屋で、城を占拠されて敵意を抱いていた波多三河守親《ちかし》が謀叛を起こすかもしれないと判断し、未然に甲州の忍びの術を習得したすっぱ二人を放って状況を探らせたことにより事なきを得たという話が『爛柯堂《らんかどう》棋話』巻之八に記されている。

> 文禄元年（一五九二）壬辰の歳、朝鮮征伐の以前、肥後国名護屋の城主波多野三河守といいて三万八千石を領する者あり。しかるに居城、要害の地かつ絶景なりとて、旅館に宣旨にて太閤の本陣に相成りければ、三河守、よんどころなく百姓の家を借りて、妻子眷属、不自由・艱難、かつ外聞の恥辱を深く憤りて在りけるが、朝鮮へ渡海在陣中、大明の大将が計策にて、海賊を語らい、日本筑紫へ襲い来るべき企てあり。ときに波多野三河守、太閤を恨みありける故、蕃船へ内通の謀り事あり。しかるに、神祖の遠図によりて、豫てこの事も有らんかと、甲州者の忍びの術を得たる逸波を両人、かの地へ遣わし置かれし処、波多野の隠謀を探り出し注進しける故に、早速御所置ありし故、無難に相済みける。

このように、戦国時代では大名たちは忍びを使って情報を得るということが当然となっていたのである。

四、伊賀衆の活動

身体の鍛練

それでは次に、伊賀の忍びについて見てみる。史料には「伊賀衆」として見られ、伊賀衆がすべて忍びだったとすることはできないが、その行動には注目すべき点がある。伊賀国は大名勢力が弱く、そのためかわりに自治が発達して統治を行い、一揆を結んで武装して訓練をするなどし、戦闘能力を高めたようである。

伊賀国上野福居町に生まれた菊岡如幻《きくおかじょげん》（一六二五―一七〇三）によってまとめられた『伊乱記』「伊州所々合戦之事」には、戦国期の伊賀の風俗について記されている。

伊州当時風俗、当国諸人の有様、正慶の比ゟ天正中比迄の風俗を聞くに、鋭にて頼母しく、血気の勇を専らとして人に従ふ、兵術を嗜み、殊に忍びの一道を励む、農奴僕各国風として毎朝寅ノ刻に起きて午ノ刻限り面々の家業を勤励し、午ノ刻ゟ後は二ヶ寺に行て遊び、軍術兵道稽古し、別而惻隠術を習ひて是を練す、他国にても伊賀者忍びといふて、是を重

宝す、

伊賀に住む人々は兵術をたしなみ、ことには忍びの道を励み、午前中は家業を行い、午後は平楽寺・薬師寺に集まって軍術・兵道の稽古をし、とりわけ惻隠術《そくおんじゅつ》の訓練をしたという。惻隠とはかわいそうに思って同情することの意だが、惻隠術とは忍びの術と解されている。この記述をどこまで信じることができるかわからないが、集団で武装して他国からの侵略に備えるためには、個々人で備えるだけでは限界があることから、集団で訓練していたということはあったのではないだろうか。また、伊賀衆として他国で傭兵として活動もしていることから、さまざまな術を身につけるため、普段から練習を重ねていた蓋然性が高いと言えよう。『伊乱記』「多気国主山城を築事」ではさらに以下のように記している。

伊賀国諸武士、数百年別心にして天理に背き率法の旨趣を弁へす、心に奢をなし纔利に沙汰致すの条、奇怪成知れ者也、我計略を巡らし彼国を討取り本懐を達すべしと、戦術の方便を成すと雖も、竊に忍入事は、譬は鉄鋼を張たる寝殿成共輙く通り、大堀石壁を越事飛鳥に似たり、如此不思議の術を成す者多し、

伊賀衆は堅固な守りを固める寝殿にもたやすく侵入し、堀・塀を飛ぶ鳥のように越えるなど

不思議の術をする者が多いと述べている。誇張もあろうが、周囲を山で囲まれその中を駆け回って、木に登ったりするという環境から、こうした能力も培われたのであろう。

周辺国での活動

興福寺の門跡寺院大乗院の門主尋尊による日記『大乗院寺社雑事記《だいじょういんじしゃぞうじき》』長禄《ちょうろく》四年（一四六〇）五月二十五日条では、伊賀衆が紀伊国根来衆《ねごろしゅう》と粉河《こかわ》円福寺の水論において、畠山衆の一員として加わり、討死にしていることが記されており、伊賀衆は紀伊国まで出張っていることがわかる。また、文明《ぶんめい》十一年（一四七九）十一月三日条では、伊勢国司北畠政郷は伊賀衆・宇多郡衆を率いて出陣しているほか、同十四年十月二十二日条では、大和国人らの抗争に関わって、伊勢国司北畠政勝の舎弟坂内《さかない》房郷が大将となって長谷寺に出陣した際の軍勢の大略は伊賀衆であり、同十五年九月二十日条では、畠山義就方の斎藤彦次郎に従い、伊賀衆が百人ほど所々に出陣している。また、同十七年十月十四日条には、山城国内にあった畠山義就方の城のうち、二ヶ所の城を「伊賀国人」が守備し、伊賀衆が南山城へ出陣したことが記されている。これらの記録によれば、伊賀衆は伊賀国人の中の精鋭部隊で、周辺の大名に乞われたらそれに応じて戦闘に向かう「傭兵」といった側面を有していたようである。

永禄四年（一五六一）閏三月十八日内藤宗勝書状（畠山義昭氏所蔵文書『戦国遺文三好氏編』二一二二）では、伊賀の城取の者どもが、摂津国、丹波国、播磨国へやってくるとの噂があるとし、丹波国八《や》上《かみ》城でも警備を固め油断なきよう注意を促している。

伊賀之城取者共、三鼻出候、一斗《(手カ)》者摂州、一斗者当国《(丹波国)》、一斗者播州へ越由候、当国へ越候段、於必定者、其方か八上《(丹波国多紀郡)》か可為番城内候、弥無油断御半処《(カ)》、夜候へも昼之出入候へ者、下人も態々可被相改事専用候、

そして、夜であっても昼であっても城の出入りをするので、下人もよくよく改めるようにとしている。これは、伊賀衆が闇夜に紛れて侵入するか、人に紛れて侵入するかわからないので備えを厳重にするようにと述べているのであり、のちの陰忍《いんにん》・陽忍《ようにん》とされる忍びの術につながると言えよう。

さらに、『小槻時元記《おづきときもとき》』文亀《ぶんき》二年(一五〇二)二月十五日条には興味深い記事を載せる。伊賀国の百姓衆が怠けているとして国人衆が征伐を加えようとしたところ、百姓衆が京都の愛宕山に助けを求めたため、愛宕山の衆徒である山伏数十人が四〇〇人ほどを伴って伊賀国に攻め入ったものの、国人たちは夜に山伏の陣に押し寄せ、一戦を交えることなく討ち取り、わずか十余人しか京に帰ることができず、このことに対して「奇異之事也」と記されている。山伏たちは兵力を有して戦闘に長けていたはずだが、そうした者たちをかくも容易に討ち取っていることから、伊賀国人たちは日頃から鍛練を重ね、奇襲や攪乱などのゲリラ戦法を駆使したので

はないだろうか。

また、『享禄天文之記《きょうろくてんぶんのき》』には、永禄三年（一五六〇）三月十九日夜のこととして、箸尾《はしお》ソウ次郎という人物が伊賀衆を率いて奈良の十市《とおいち》城を攻撃し、十市遠勝を豊田城まで追い落としたことを記すが、その中で、伊賀衆の大将として「木猿」という人物が活躍したと記されている。『万川集海』巻第一には十一人の陰忍の上手として、野村の大炊孫太夫、新堂の小太郎、楯岡の道順、下柘植の木猿・小猿、上野の左、山田の八右衛門、神戸の小南、音羽の城戸、甲山太郎四郎・同太郎左衛門の名が記されているが、その中の木猿は『享禄天文之記』に記される木猿と同一人物だろう。木猿とはおそらく木から木へと猿のように跳び廻ることができたことによる命名で、周囲を山に囲まれた伊賀ならではの能力である。

そして、立川《たつかわ》文庫では、信濃の山野で猿と戯れて育ち、戸澤白雲斎から忍術を伝授され、真田十勇士として活躍した猿飛佐助として描かれることになる。

火術

また、興福寺塔頭多聞院の僧英俊による『多聞院日記』天文十年（一五四一）十一月二十六日条には、伊賀衆が木沢長政軍七、八十名ほどが楯籠もる山城国笠置城へ忍び入り、坊舎に火を放ったことが記されている。

今朝伊賀衆笠置城忍ヒ入テ少々坊舎放火、其外所々少屋ヲヤキ、三ノツキノ内一ツ居取ト云、或ハ二ト云篇々也、木沢方ノ城大将右近カヲキニ江州カウカノモノ也云々、人数僅七八十在之云々、弥勒ノタケヲモチテヰル所ニ、彼山ニハ一向水無之間、経ズ程ヲ可落、簀川・少柳生偽トウラカヘルト云々、筒井衆少々ウシロツメニ立了云々、

この記事で興味深いのは、木沢方の大将右近の甥は甲賀者であるとわざわざ書いているところである。英俊は伊賀者と甲賀者の戦いのような状況を呈していることを興味深く思ったのだろうか。十一月二十八日には、

於笠置有テ合戦、木沢方城ヨリ二手ニ作テ打出テ、悉ク以テ打殺、伊賀皆以退散了云々、人数卅人余打死云々、先以安堵了、

とあるように、木沢方は笠置城から二手に分かれて打って出て、伊賀者はことごとく退散し三十人余りが討ち死にしたことを記している。火を放つことに関しては、甲賀衆でも見られたことであるし、慶長《けいちょう》十九年（一六一四）十月二十日木俣守安宛井伊直孝覚書（「中村達夫氏所蔵文書」『新修彦根市史』第六巻一六四）では、大坂冬の陣に際して、忍びがやってきて火を付けることもあるであろうから警護をしっかりするようにと井伊直孝は先鋒を務めた木俣守安に命じ

ている。

一、先手之儀大坂近辺之事に候間、自然しのひなと来候而火つけ候儀も可有之候条、鉄炮大将衆へ被仰付、昼夜まハり番可被仰付事、

忍術書では火術関係の記述がかなりの比重を占めていることから、火術は当時の戦闘において大変効果的かつ扱いも難しかったことがうかがえる。そしてそうした術を担っていたのは忍びたちであり、彼らは当時の最先端の技術を有していた集団とも言えよう。具体的な火術については、忍術の章で言及する。

第二章　兵法から忍術へ

一、中国兵法の受容

中国古代の兵法

古代中国においては、紀元前五世紀中頃から紀元前四世紀中頃にかけての春秋時代に孫武《そんぶ》によって編纂された『孫子《そんし》』をはじめとして、唐代に至るまでに『呉子《ごし》』『尉繚子《うつりょうし》』『六韜《りくとう》』『三略《さんりゃく》』『司馬法《しばほう》』『李衛公問対《りえいこうもんたい》』の武経七書《ぶけいしちしょ》と呼ばれる兵法書が相次いで編纂された。また、これ以外の兵法書も種々編纂されたことが知られており、古代中国では兵法が高度に発達していたと言える。それは、王朝の成立と存続が武力によって担保されていたからであり、異民族の脅威に常にさらされていた歴代王朝の宿命でもあった。

そうした中国兵法書は遅くとも七世紀後半には日本に将来されていたようである。『日本書紀』天智天皇十年（六七一）正月条によれば、谷那晋首《こくなしんしゅ》・木素貴子《もくすくいし》・憶礼福留《おくらいふくる》・答炑春初《とうはんしゅんしょ》の四人の百済《くだら》人兵法者が渡来することにより、兵法が日本にもたらされたことがわかる。この兵法はおそらく百済独自のものではなく中国兵法であろうが、これに基づいて北九州の山城も築城されたと考えられる。その後、八世紀中葉には、入唐した吉備真備《きびのまきび》により儒学や天文学などとともに『孫子』などが伝えられていることから、兵法も伝えられ、この兵法は藤原仲麻呂による新羅征討計画の際に用いられた。そして真備は太宰府で『孫子』「九地篇」の講義も行っている。

唐よりもたらされた兵法は日本国内での戦闘にも利用された。八世紀後半の桓武《かんむ》天皇のとき、蝦夷征討に際し、勅書のなかで『孫子』作戦篇の文言が用いられていたり、源義家による後三年の役（一〇八三～八七）の際には、雁行の乱れを見て、かつて大江匡房《おおえのまさふさ》から教わった兵法を思い出し、清原軍の伏兵がいることを察知したとされるが、これは『孫子』行軍篇「鳥起者伏也」に基づいていることが明らかであり、兵法書の中でもとりわけ『孫子』が重視された。また寛平《かんぴょう》年間（八八九～八九七）に編纂された『日本国見在書目録』からは、『孫子兵法』『司馬法』『太公六韜《たいこうりくとう》』をはじめ、『黄帝蚩尤兵法《こうていしゆうへいほう》』『魏武帝兵書』『雲気兵法』など多様な兵法書が日本に将来されて現存していたことがわかる。

しかし、常に異民族との戦いを意識しなければならなかった中国とは異なり、対外戦争を考慮する必要がほとんどなかった日本では、兵法の受容は一部にとどまり、実戦に用いられることは少なく、また内容については朝廷や幕府の一部で知られているのみで、部分的受容にとどまっていたと言えよう。それが、戦国時代になると、時代的要請により、中国の兵法書が尊ばれ、武経七書が読まれていった。美濃の守護代斎藤利永は『六韜』『三略』を極め、越前朝倉孝景は小姓たちに『論語』『六韜』などを学ばせている。

中国からの兵法は忍術書にも引き継がれており、『正忍記《しょうにんき》』「水鳥之教」には、忍びは鳥や獣にも目を配り、見つけられないようにしなければならないとして、以下のように記されている。

城の廻り、切岸、石垣、難所の忍あるべき所には、水鳥、獣《ケダモノ》を見侍べし。事のさわがしきと、飛さると心を附よ。天に煙気をおふ、伏陰《フシカマ》り有時は飛鳥是をさけ、星光を失ふ。か様の類を以て忍心を附。自ら能かくるゝ事を求よ。

『孫子』用間篇

『孫子』十三篇の中で、日本の忍術書に最も引用される部分は、最後に記される用間篇である。戦争になれば大軍を発動しなければならず、そのための支出は莫大になる。だからこそ戦う前に敵の状況をしっかり把握し、戦いの成否をあらかじめ知っておかねばならない。そのためには間諜を用いて情報を収集しておく必要があるというのである。

故に間を用うるに五あり。郷間あり、内間あり、反間あり、死間あり、生間あり。五間ともに起こりて、その道を知ることなき、これを神紀と謂う。人君の宝なり。郷間は、その郷人に因りてこれを用うるなり。内間は、その官人に因りてこれを用うるなり。反間は、その敵間に因りてこれを用うるなり。死間は、誑事を外になし、吾が間をしてこれを知りて敵に伝えしむるなり。生間は、反りて報ずるなり。

間諜を用いるには五種類の方法があり、郷間・内間・反間・死間・生間の五つである。この五種類の間諜を合わせ使い、敵には間諜がいることを知られない。これを神秘的な方法と呼び、君主にとって宝である。郷間とは、敵国の民間人を使うものである。内間とは、敵国の官職にある者を使って諜報活動をさせるものである。反間とは、敵の間諜を寝返らせて自国の間諜として使うものである。死間とは、自らの生命を危険にさらしながら、にせの情報を流して、敵の攪乱をするものである。生間とは、何度も敵国に侵入し、生きて帰ってきてその都度、情報を報告するものである。

故に三軍の親は間より親しきはなく、賞は間より厚きはなく、事は間より密なるはなし。聖智に非ざれば間を用いること能わず、仁義に非ざれば間を使うこと能わず、微妙に非ざれば間の実を得ること能わず。微なるかな微なるかな、間を用いざる所なし。間事未だ発せざるにしかも先ず聞こゆれば、間と告ぐる所の者と皆死す。

ゆえに、全軍の中で将軍と最も親密な関係にあり、褒賞が最も多く、最も機密を有する仕事に従事しているのは間諜である。一方、抜きん出た知性をもっていなければ間諜を使うことはできず、義理人情を備えていなければ間諜を使いこなすことはできない。細かな心配りや思慮がなければ、間諜から本当の実を得ることはできない。微妙なことだ、微妙なことだ、間諜を用いないではいられない。間諜が持ってきた情報がまだ誰にも知られていないうちに、外から情報が漏れてきた時には、その間諜と間諜の情報を伝えてきた者とを死刑にする。

間諜は特殊任務を果たす者であるから、最大限尊重されねばならないが、情報の漏洩があった場合には、自国の存亡に関わるので、そうした間諜を極刑に処すというくらいに、間諜の職務は重要だった。こうした間諜の緻密な活動を通じて初めて「戦わずして勝つ」ことができるのである。

兵陰陽

このような「正統的」兵法に対して、兵陰陽と呼ばれる呪術的な兵法もあった。『漢書』芸文志にその定義があり、戦いを起こす際に、その日時を勘案し、天体の指す方角に従い、陰陽五行の原理にのっとり、鬼神の力を借りて助けとするのが兵陰陽だとする。兵陰陽とは天の時、地の利を推す兵法であるが、「正統的」な兵法からは人心を惑わし人為的努力を放棄するものであるとして厳しく批判された。そのため、『孫子』以下武経七書では呪術的側面は排除されている。しかし、その系譜は途絶えることなく連綿と続いた。敦煌《とんこう》残簡『占雲気書《せんうんきしょ》』をはじめ、唐の李筌《りせん》による『太白陰経《たいはくいんけい》』や北宋の許洞《きょどう》による『虎鈐経《こけんけい》』などがその代表的なものである。

こうした兵書は陰陽五行を中心とした呪術により判断を下す兵法であり、日本にも将来された。そして、日の吉凶を判断したり、雲気を見て出陣を決定したりするといったところにこうした兵陰陽の影響が見られる。

二、日本的兵法書の編纂

『張良一巻書』

日本においては、古代に『孫子』などの兵法書が将来されて用いられたことが確認できるが、院政期以降日本独自の兵法書が編纂されるようになった。この背景には、源平合戦などの内乱が続いたことが影響していよう。九条兼実の『玉葉』治承《じしょう》五年（一一八一）二月二十三日条には、大外記《だいげき》中原師景により祖父師遠が白河院《しらかわ》より下賜されたという『素書《そしょ》』一巻が兼実のところに持参されたことが記されている。『素書』は黄石公《こうせきこう》に仮託される兵法書である。黄石公は秦末の隠士で、張良《ちょうりょう》に兵書を授けたとされているが、『素書』自体は宋代末より見られる書で、院政期に日本にもたらされた書である。兼実は『素書』について、「『張良一巻書』すなはちこれなり」とし、黄石公が張良に伝えた書であるとするが、『張良一巻書』について、ある人は『六韜』のことだとしたり、『三略』のことだとする人もいると述べている。また、この書は大江匡房によると、張良の末裔である張修理が日本に渡来し、源資綱の家人となって資綱に進呈し、その子家賢が白河院に献上したとする説を伝えている。なお、日本の兵法書の変遷に関しては、石岡久夫『日本兵法史』に詳しい。

『張良一巻書』の書名は十一世紀初頭に成立した『和漢朗詠集』帝王部が初見とされるが、『玉葉』の記事と同様に、「張良が著した一巻の書」といった意味で用いられている。それが『張良一巻書』という固有名詞で登場するのは十四世紀初頭のようである。前田育徳会尊経閣文庫本は、正和《しょうわ》三年（一三一四）の本奥書と文和《ぶんな》三年（一三五四）に書写した旨の奥書を有する。そしてこの書は、四十二箇条からなり、『兵法秘術一巻書』『兵法霊瑞書』『玉張陰符経《ぎょくちょういんぷきょう》』『義経虎之巻』などと称されるさまざまな同類書が編纂されたが、内容は同一でなくかなり異なっている。

南北朝時代以降になると、太公望呂尚《りょしょう》、張良、黄石公などに仮託して、中国から伝来したと称する日本独自の兵法書が流行した。今川了俊の『了俊大草紙《りょうしゅんおおぞうし》』には、「兵法事　今天下に人の用所の兵書は、四十二ヶ条なり。（中略）兵法の事は皆真言にて左右《そう》なく行がたき事也」と記されており、その内容は密教的だったとしている。

実際その項目は、「軍神勧請随事」「闇夜明眼ノ秘術」「隠身ノ秘術」「飛行自在霧鞭之大事」

「兵法九字ノ大事」など、中国兵法書とは異なり、個人的な戦い方について記しており、真言が記されたり印が描かれるなど修験道の影響と思われる呪術性が強い。同じ呪術性であっても、中国の兵陰陽では陰陽によって戦いの日取りを占ったりするものであり、手法が異なっている。日本独自の兵法書は当時武力集団をかかえた大寺院において編纂され、強訴の際などに用いられたものがもととなったのだろう。

修験道とは

修験道とは、日本古来の山岳信仰が仏教・神道・陰陽道などと結びついて、平安時代中期のころに成立した宗教とされている。修験道では、厳しい山に入って修行することにより、罪穢《つみけがれ》を捨て、肉体と魂を浄化し、新たに生まれ変わるという「擬死再生」により人並み外れた能力を体得できるとされた。

そうした法力を得た修験者は、各地をまわって日待・月待・荒神・庚申などの祭における導師や、加持祈禱、調伏、憑きものおとし、病気治し、符呪やまじないなどの呪術宗教的な活動を行い、庶民の現世利益的な要求に応えた。

これら修法の大部分は密教の修法や道教の符呪などを、目的に応じて適宜に簡素化したものである。修験道でよく用いられた修法についてまとめられている『修験常用秘法集』（『修験道章疏』）に「兵法九字之大事」として記される以下の九字法は忍術にも取り入れられている。

先護身法

臨　外縛二立合二中指一　兵　大金剛輪印

闘　外獅子印　者　内獅子印

皆　外縛立合二頭指　陣　内縛印

烈　智拳印　在　日光印

前　宝瓶印

爰十字習有レ之、此印云二須弥鉄印一、

勝　軍除惑出行勝負書、此字又書二成手ノ内一、

また、九字にひとつ足した十字という作法もあり、「兵法十字之大事」（『兵法虎之巻詳譯』）に記される。

勝　軍陣其外勝敗ノ事ニ出ル時此ノ字ヲ加フ可シ

行　惣シテ出行ノ時此ノ字ヲ加フ

命　酒其外怪シキ食事ニ向フ時此ノ字ヲ加フ

龍　海河ヲ渡ル時此字ヲ加フ

虎　猛獣ニ向フ時此字ヲ加フ
水　大酒又ハ毒ニ遇フ時此ノ字ヲ加フ
一　山野ニ行ク時此ノ字ヲ加フ
天　高位ノ人ニ向ヒ奉ル時此ノ字ヲ加フ
太　怨敵ニ向フ時此ノ字ヲ加フ
合　人ニ大事ヲ頼ム時此ノ字ヲ加フ
　右十字ノ大事ハ其ノ器ニ非ザル者ニハ縦令ヒ千金ヲ以テ賄フト雖トモ必ズ之ヲ伝フルコト勿レ、深秘々々、

川上仁一氏所蔵「十字秘伝」では、「天・龍・虎・王・命・勝・是・水・大・円」の各文字を手のひらに書いて、握ったり、飲み込むしぐさをすることによって身体が守られるとなっており、一部字が異なっているが、内容に大きな違いはない。修験道において九字は、修法を開始する際や山入りをする際に九字の印を結んだり、虚空で九字を切ったりするなど、魔を遠ざけたり結界をするときに用いられる重要な儀礼であった。『修験深秘行法符呪集《しゅげんじんぴぎょうほうふじゅしゅう》』巻六（『修験道章疏』）にも、「陳払法兵法番大事」「陳着法兵法冠大事」「陳払法兵法雷大事」「九字垂迹」「九字本地」「九字本位」「九字大事」「九字印大事」「摩利支天九字法」「兵法十字之事」「十字大事」といった修法が記されている。

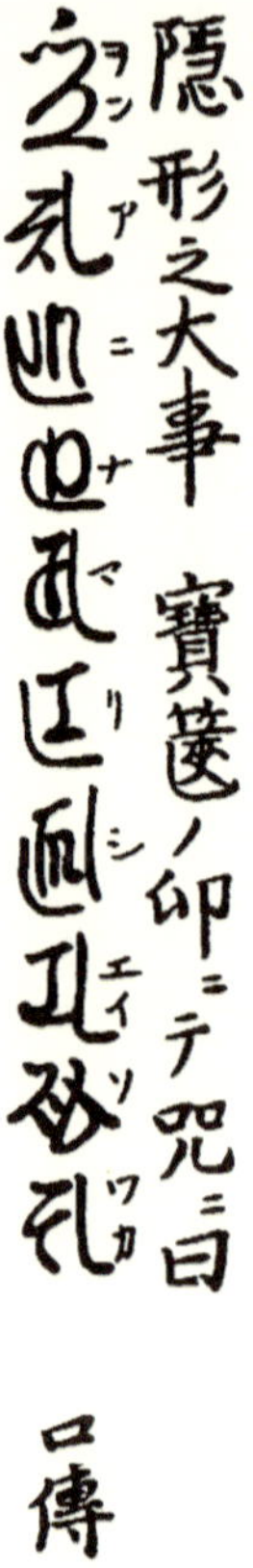

『万川集海』
巻第十三
隠形之大事

修験道は、奈良時代に葛城山に住み、鬼神を使役して呪術を行ったとされる役小角《えんのおづぬ》（役行者）を開祖とし、伊賀・甲賀地方にも役行者を祀る寺院が多数存在する。また、現在でも甲賀地方に多い製薬業は忍者のもっていた修験道の知識がその起源とされ、忍びは修験道に大きな影響を受けたかもしくは修験者の末裔であるとされる。

第一章で述べたように、忍びは修験道から影響を受けていることは確かである。しかし、修験道の内実を確実に理解していたとは言えないところもある。なぜなら、忍術書の代表とされる『万川集海』の中の、巻第十三隠忍三には、「隠形之大事」という、身を隠す呪《じゅ》が記されているが、そこに書かれているサンスクリットは、とてもサンスクリットを知っている人物が書いたとは思えないからである。修験者が直接忍びになるのではなく、修験道などの影響を受けながら忍びが成立していったと考えるのが妥当であろう。

日本の兵法書

他方、忍術書の中に、修験道的要素が見られることも確かである。それは兵法書をもとに忍術書がまとめられたからではないだろうか。

南北朝・室町期に編纂されたと考えられる兵法書である『張良一巻書』『兵法秘術一巻書』『義経虎巻』『鬼一法眼秘術書』『兵法霊瑞書』『虎兵法《こへいほう》』等の内容は、『孫子』などの中国古代兵法書とは違い、密教・陰陽道・修験道などの要素が強い。例えば、明暦《めいれき》三年（一六五七）二月刊行の渡会浮萍による『義経虎巻』の目録は以下のとおりである。

第一　軍場出作法事
第二　敵打行時酒飲作法之事
第三　軍神勧請随事
第四　敵打不レ顕秘術事
第五　旗指落馬善悪覚知事
第六　旗竿折付善悪覚知事
第七　軍神勧請時声作作法之事
第八　軍神送時声作々法之事
第九　弓折不吉吉事知事
第十　甲冑箭不レ融秘術之事
第十一　普通太刀刀中有性剣見出秘術之事

第十二　魔縁者切秘術之事

第十三　太刀仕秘術事

第十四　強馬静軍乗秘術之事

第十五　弓箭性付秘術之事

第十六　敵魂抽取秘術之事

第十七　敵噤太刀鉾不レ仕事

第十八　敵随冤秘術事

第十九　敵衒窺覚知秘術之事

第二十　中夭不レ逢秘術之事

第廿一　敵被二取籠一陣内遯出秘術之事

第廿二　敵隠思時可レ隠秘術之事

第廿三　敵打行安不安覚知秘術事

第廿四　敵為不レ殺秘術事

第廿五　敵合戦共疵不レ蒙秘術之事

第廿六　疵蒙可レ善事有疵蒙大小任レ心秘術之事

第廿七　生虜物具為レ仕敵向共無二其怖一秘術

第廿八　一人千万騎敵遇無二其怖一秘術之事

第廿九　敵射相箭種尽天笑儲事
第三十　敵打合時太刀長刀折其替儲秘術事
第卅一　敵為火中被二責入一其火難遁秘術事
第卅二　敵為水漂其水難可レ免秘術之事
第卅三　敵火責秘術事
第卅四　敵引結時太刀腰刀閉不レ抜出秘術之事
第卅五　其身大将軍兵可レ退時尅知事
第卅六　軍勝負早速秘術之事
第卅七　敵疵不レ付打秘術之事
第卅八　毒箭被レ射治秘術之事
第卅九　軍兵随秘術事
第四十　我可レ守兵具可レ見秘術事
第四十一　神通弓作事
第四十二　神通箭作秘術事

本書は、早稲田大学図書館に上・中部分の版本が所蔵され、伊賀流忍者博物館所蔵沖森文庫には上・中・下の写本が所蔵されている。例えば「第一　軍場出作法事」では、

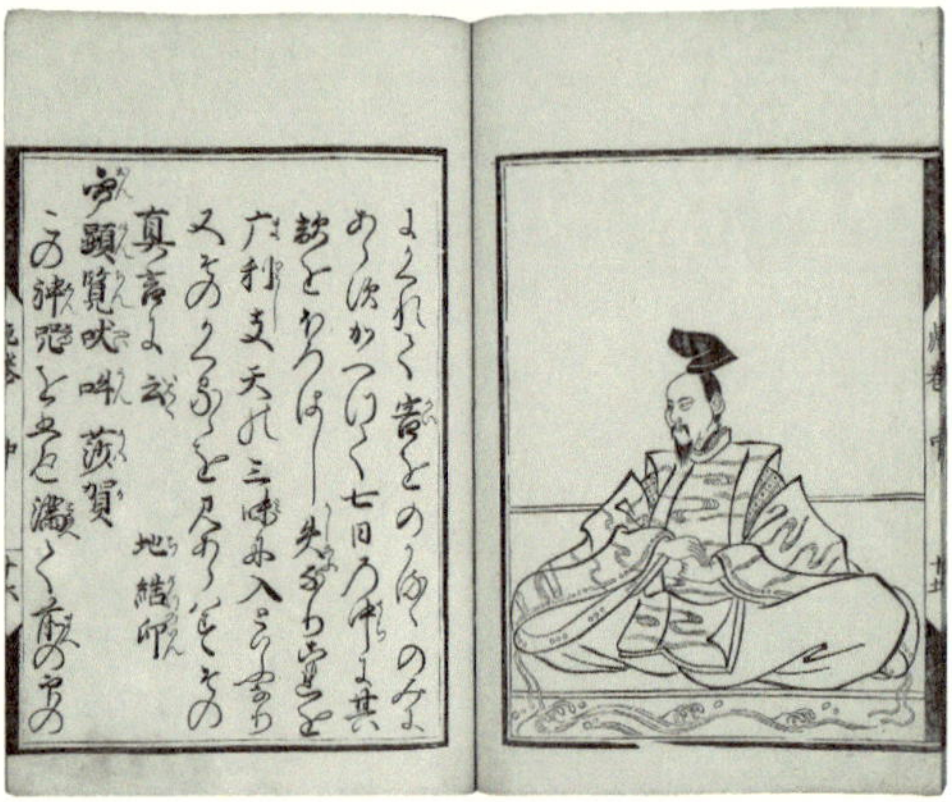

「敵隠思時可隠秘術之事」
（『義経虎巻』早稲田大学図書館蔵）

　敵をうちに行時、随兵共にもしらせすひそかに東にむかひて左の手を拳にして左の腰に置、右の手を施無畏にして三度垂くたし、膝をしてこの真言を七返気のしたに誦せよ、

のように、呪術的な内容になっているほか、全編通じて印を結んで真言を唱えることによって実現することが述べられている。

また、『虎兵法』は全編呪術的内容で、護符の書き方がまとめられている。写真で掲げた部分では、敵に討たれないためには、呪文を書いた紙を髪の中に入れたり、帯の中に入れたり、呑《の》んだりするとよいと記されている。

こうした兵法書は、古代中国に成立したものを大江維時《おおえのこれとき》や吉備真備が日本に伝え、その後大江氏に伝えられたなどとされる。しかし、現在伝わっているこれらの兵法書は、太公望呂尚、張良、黄石公などに仮託されるものの、日本で作成された「偽書」である。

古くは開化《かいか》天皇十九年に中国から日本に将来されたが、後に伝えられなくなり、承平《じょうへい》元年

（九三二）大江維時が再び将来して大江家に伝えられていたところ、源義家が奥州平定のために大江匡房に依頼して、肝要な部分を抜き出して四十二箇条の和文に改めて書き直されたものとされる。しかし、その内容は、インド起源の仏教占星術を概説した『文殊宿曜経《もんじゅすくようきょう》』の影響が色濃く、真言密教系の僧侶の手になる偽書だとされる。

中国の兵法書には「間諜」について詳しい記述があるが、日本では史書に「間諜」に相当する語が見られず、中国と比べて兵法書も発達しなかった。これは、異民族の脅威に常にさらされていた中国と、そうした状況にない日本との差なのではないだろうか。中国の兵法書では、戦争は敵を欺くこと（「詭道《きどう》」）を基本とし、利に合致するかどうかを行軍の基準とする集団での戦いについて述べたもので、戦中における迷信・呪術を禁じていたことは、日本のそれとは大きく異なる点である。

中国の兵法書でも唐の李筌による『太白陰経』や北宋の許洞による『虎鈐経』などは呪術的内容を含んでいるが、これも陰陽道や雑占《ざっせん》、相術などで、日本の兵法書とは内容が大きく異なっている。

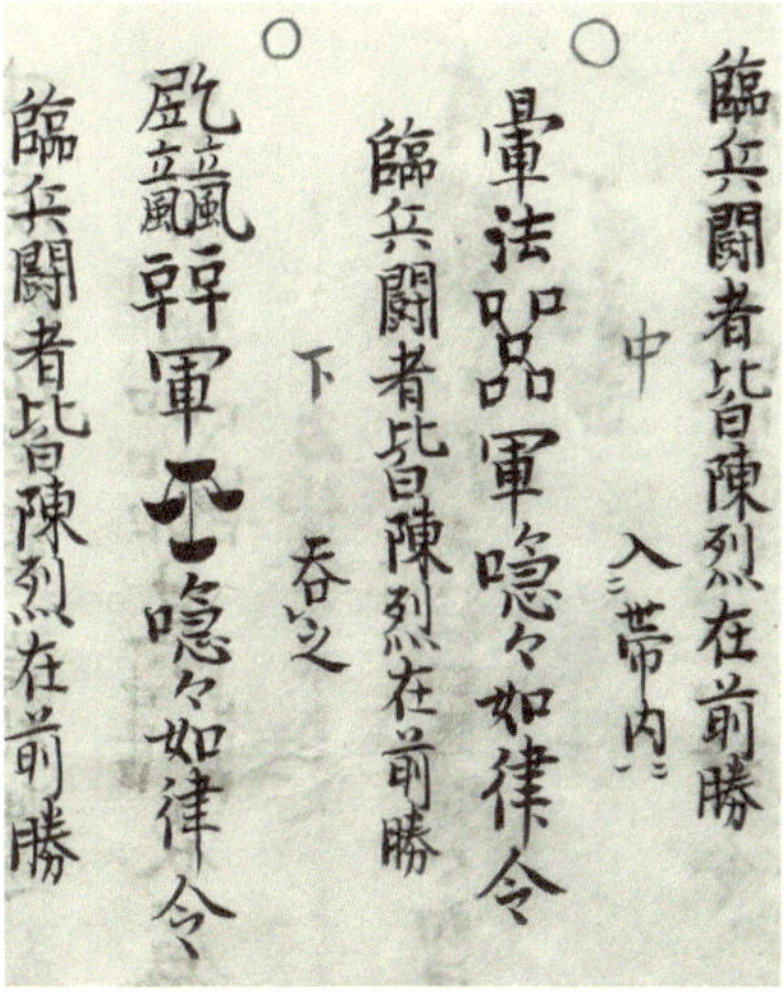
臨兵闘者皆陳烈在前勝
中　入帯内に
臨兵闘者皆陳烈在前勝
下　呑之
臨兵闘者皆陳烈在前勝

『虎兵法』（伊賀流忍者博物館蔵）

兵法書の内容

南北朝期の日本の兵法書には、出陣の際の作法などとともに、「闇夜明眼ノ秘術」「白日闇目ノ火術」「隠身ノ秘術」「飛行自在霧鞭之大事」「兵法九字ノ大事」「敵ノ為メニ火中ニ攻メ籠マレンニ火難ヲ免ル、秘術」「敵ノ為メニ水ニ溺レンニ水難ヲ免ル、秘術」といった、「忍び」が用いるのにふさわしいような修験道的要素を伴っていることが目を引く。このような兵法書は呪術性の強い中世的世界を反映しており、また武力を有した寺院に伝えられたため、宗教性が強かったとも言える。

例えば、『兵法秘術一巻書』では「隠形の秘術の事」として、以下のように記している。

左の手を胸にあてて仰ておく。右の手を上にうつぶけて中をすこし屈して摩利支天の隠形の秘印明を用者也。呪に曰く、
唵謝摩利伽陀羅ソハカ
是を摩利支天の隠形の三魔地門に入ると云也。
　又曰、後代の名匠の口伝に云、印は上に同じ。呪に曰く、
唵魔利支寧諦々々阿奈隠陀羅ソハカ
この呪を七反みつべし。かならずかくるる秘伝也。

印を結んで真言を唱えることによって消えることができるというのは、後の「忍術」につながっていくあり方である。印を結んで呪文を唱えれば消えるという忍者のイメージは、何の根拠もなく創造されたのではなく、これら兵法書に起源を求めることができよう。蓬左文庫所蔵『用間《ようかん》加條《かじょう》伝目《でんもく》口義《くぎ》』下には、三重相伝として、「第一、木ノ葉カクレノ事」に以下の記述がある。

初　五月五日ニ白ケノナキ黒犬ノ肝ヲ取、八月十七日迄陰干ニシテ、梵字一日ニ三度ツ、書テ粉ニシテ常ハ錦ニ七重包ミ持ナリ、
 如此肝ニカクナリ、
扨カクレル時ニ木ノ葉ヲカサシ、ソレニ其肝ノ粉ヲヒネリカケテ居レハ、他ヨリ見ヘサルナリ、
中　城中屋敷へ忍フ時、敵付ノ方ニ手楯ヲサシカサシ、万一弓鉄砲ノ用心ヲスヘシ、
後　森林ノ茂ミニ拠リテ忍フヲ云、

また、「極意天之巻」にも「木之葉隠之大事」として以下のように記されている。

木ノ葉ハ千本ハ千色ニテミナ違フテ一様ナラス、其如ク千変万化シテ忍ヒ入ル方ノモヨウニ随フテ変化シテ忍ヒ入ラレル者ニナリテ忍ヒイル也、松ニハ松相応ノ葉、柳ハ柳相応ノ古今カワリナキ葉アリ、其コトク敵ニ応シテ所作ヲナスカ大事ナリ、口伝、

「木の葉隠れ」はよく忍者が姿を隠す方法として登場するが、「隠形の秘術」から発展して、忍術として確立していった。一口で「木の葉隠れ」と言っても、さまざまな方法があったことがわかる。また、「木の葉隠れ」に続いて「柴隠れ（草葉かくれ）」という術も記されている。「隠身ノ秘術」の記述は以下のようである。

口伝曰、夫婦共初テ設クル○ノ○○ヲ三七日陰干ニシテ赤地ノ錦七重ニ裹ミ、五色ノ糸ヲ以テ之ヲ結ヒ、我身隠レントスル時ハ、之ヲ頂上ニ乗セ、顕ハレント思フ時ハ、之ヲ取ル可シ、隠顕自在ノ秘術ナリ、

夫婦が初めて設けた○の○○を二十一日間陰干しにして、赤地の錦に七重に包んで、五色の糸でくくり、自分の身を隠そうとするときにはこれを頭の上に載せ、姿を現そうと思ったらそれをはずせばよく、隠れたり現れたりが自在にできるとしている。なお、伏字となっている部分は、「国法ノ許サザル所ナルヲ以テ今爰ニ公示スルコト能ハス」のため隠されている。身体

を隠す術については、『用間加條伝目口義』下「第十マカクレノ伝」に次のように記される。

マカクレハ間隠《マカク》レニテ、其一間ノ内ニモカクレル秘術アリト云ハ非也、目隠《マカク》レナリ、敵ノ目ヲ忍フヲ云事ナリ、
一伝ニ袋蜘ノ陰干ヲ細末シヲキテ筒ヘイレ腰指ニシ、間近ク敵セマルトフルヒカケルト敵ムセヒ、目アクコトナラス、是ヲマカクシノ術ト云、但シコレニ不限、スヘテ敵ニ見出サレス忍フ事ヲ目隠レト云、

この記述によれば、敵に見られないようにすることを「まがくれ」と呼び、薬を敵にふりかけたりすることにより敵の目をくらます術だという。

「飛行自在霧鞭之大事」は、これを行えば空中を飛行できるとする方法と推測されるが、その内容については、

抑霧鞭ノ大事ハ仮令王侯ノ位ヲ譲ルト雖トモ其器量備ハラサル者ニハ名字ヲモ聞カシメス、況ンヤ伝授オヤ、可秘々々

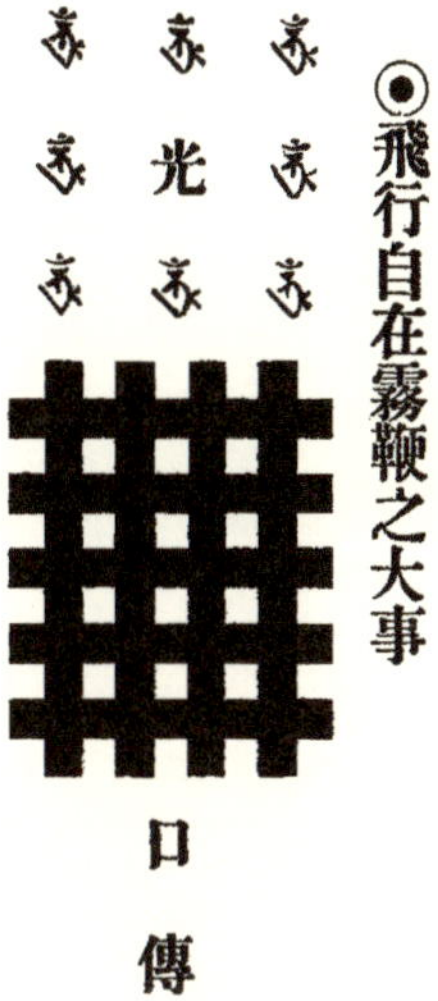

飛行自在霧鞭之大事
（『張良一巻書』）

と記されるように、たとえ王侯の位をもらっても、その器量が備わっていない者には名前さえも聞かせてはならず、ましてや伝授してはならないと、とりわけ秘されていた。

このような作法は現代人の我々からすれば「荒唐無稽」なのかもしれないが、中世においてはある程度信じられて実際に行われていたと思われる。『義経虎巻』によれば、当時でも、真言を唱えることによって姿が消えてしまうと思われていたわけではなく、物陰でこうした作法を行うことによって、相手から見つかることを防ぐことができると記述されている。

『兵将陣訓要略鈔』（『続群書類従』武家部）でも、「霊鳥吉凶事」「敵ノ城ノ煙気見知事」「合戦ニ出立吉兆恠異ヲ知事」「五音勝負占事」「金鼓幷軍神勧請声以下吉凶覚悟事」「天時人事勘合事」といったように、霊鳥の出現や敵城のまわりに煙気がどのように見えるのかといった内容で合戦の勝ち負けを占うといった呪術的な内容が含まれ、『軍中故実』（『続群書類従』武家部）でも同様に「城ヲ取陣ニ敗軍気ヲ見ル事、魚鱗ノ如ク雲[illegible]陳ヲハル上ニ、丸クタマルハ七日ノ内、必破也」のように、陣のまわりにどのような雲がかかっているかで勝ち負けを占うといった陰陽五行に基づく思想により吉凶判断を行っている。

このように、戦国時代においては、生死を分ける合戦の際に特に呪術面が重視され、軍師たちはそうした知識をもっていることが求められ、さもなくばそうした能力をもった陰陽師や修験者を抱えていた。

戦国期の修験道

戦国期は神仏に対する認識の転換期であり、為政者の中には宗教世界に傾倒していた人物もいた。その代表が管領であった細川政元《ほそかわまさもと》である。政元は「四十歳ノ比マデ女人禁制ニテ、魔法飯綱ノ法アタコノ法ヲ行ヒ、サナカラ出家ノ如ク山伏ノ如シ」人物で、安芸国から上洛してきた山伏である宍戸《ししど》又四郎家俊《いえとし》（司箭院興仙《しせんいんこうせん》）から魔法である飯綱《いづな》の法・愛宕《あたご》の法の術を受け、さながら山伏のようだったという（『足利季世記』巻二「司箭伝」）。

家俊は愛宕の神に祈誓してその術に通じ、飛行が自由にできるようになったとされ、鞍馬寺に入って兵法を修めた。飯縄（飯綱）・愛宕とも修験道の霊地であり、そこでは数多くの修験者たちが修行した。また、鞍馬寺も修験の霊地であるとともに、源義経が鞍馬の天狗に兵法・剣術を習ったとする話が室町時代には広がっており、兵法と修験との関係が密接であったことがわかる。

また、上杉謙信は印判に「勝軍地蔵・摩利支天・飯縄明神」の名を刻み、自ら春日山城内の毘沙門堂に籠もって毘沙門天・勝軍地蔵・摩利支天等を拝んで「敵退散ノ秘法」を行うなど、修験の影響が強かった。

『新田老談記』（『続群書類従』合戦部）にも、足利の鶏足寺住職俊国法印が壇を飾って護摩を焚き、呪術的修法により敵退散の秘法を行っていることが載せられている。

上杉謙信印判（『上越市史 別編1 上杉氏文書集1』）

大軍ヲ引請ケ、可レ勝軍ニハ有マシ、乍レ去仏力神力ヲ頼奉テ加護ヲ蒙リ、今度ノ落城ハ有マシ、幸五大尊仏鶏足寺法力昔ニ少モ不レ可レ違、自敵退散ノ法ヲ可レ祈トテ、鶏足寺ノ住職俊国法印モ昔ノ定宥法印ニ少シモヲトル事ナク、俄ニ檀《壇》ヲカサリ、敵退散ノ秘法ヲ祈ケル、

仏力・神力の加護を蒙らなければ落城させることはできないから、五大尊仏鶏足寺の法力が昔と少しも違っていないので、敵が退散する法を祈ってもらおうと、俊国法印は昔の定宥法印に少しも劣ることなく、壇を飾って敵退散の秘法を行ったとある。そして、修験道の種々の修法について記している『修験深秘行法符咒集』巻六にも、「兵具加持之法」「武具加持」「弓箭加持」「弓箭大事」「矢違之大事」「刀加持」「鞭加持」「馬加持法」「付馬守之事」「押馬屋札之事」「乗馬大事」「出行大事」「船乗之大事」「渡海安全法」といった兵法と関連のある修法が記

されており、修験寺院と兵法とは密接な関連があったことがうかがえる。

このように、戦国期には兵法の中に修験道などの呪術的要素が包含されており、大名たちは修験者を用いて戦勝を祈願した。修験者は祈禱や武力の面で大名に貢献したほか、山中を駆け回り、いち早く情報を伝える役割をも担っていたのである。

寺院と兵法

兵法と修験道との関係がうかがえる史料が伊賀流忍者博物館所蔵沖森文庫に残されている。

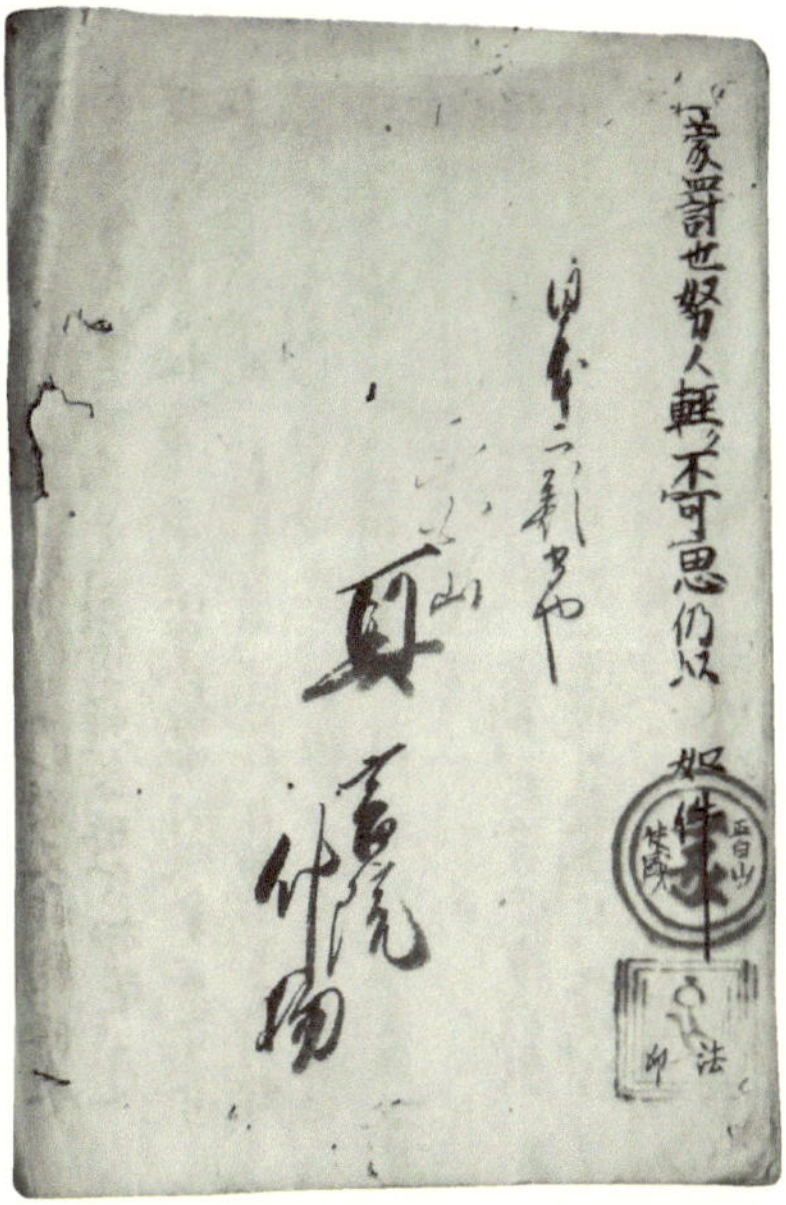

『張良一巻書』奥書（伊賀流忍者博物館蔵）

沖森文庫の『張良一巻書』跋文には、「正白山真言院什物」と記され、住職であった快盛の印が捺されていることが注目される。正白山真言院とは、津市白山町白山比咩《しらやまひめ》神社の神宮寺である真言院のことで、この寺は伊勢の戦国大名北畠氏の祈願所である修験系寺院だった。そこには写本として伝わったということは、呪術的な兵法書が寺院で作成されて伝授されたことを示していよう。『国書総目録』によれば、高野山にも同様の兵法書が所蔵されていることが確認できる。

古伝兵法書の奥書にはしばしば僧侶の名が見られることから、修験道と深く関わりのある寺院において兵法書が編纂されたり書写されたと想像できる。そしてそのひとつの拠点は吉野であった。大寺院では僧兵を有し、武装して俗権力や宗教勢力間で対峙した。そのときに現実的兵力とともに宗教的手段によって相手を倒すためにも呪術的兵法が必要とされたのである。

三、軍学書の成立

『訓閲集』

戦国時代になると、日本の呪術的兵法、中国の正統的兵法書である武経七書、さらには陰陽五行の影響を受けた唐の李筌『太白陰経《たいはくいんけい》』や北宋の許洞『虎鈐経《こけんけい》』などの兵陰陽の影響を受けて軍配兵法と呼ばれる方術的方法が用いられるようになった。その代表的なものが『訓閲集《きんえつしゅう》』である。

『訓閲集』は享保《きようほう》元年(一七一六)に版行された『本朝武芸小伝』によると、醍醐《だいご》天皇の時に大江維時が入唐して六韜・三略・軍勝図四十二条を得て帰朝して秘していたところ、和字の書を作って『訓閲集』と号したという。その真偽については触れないが、室町時代には弓馬礼法によって幕府に仕えた甲斐源氏の小笠原家に伝えられ、小笠原氏隆から上泉《かみいずみ》信綱を経、信綱は嫡子の秀胤に新陰流剣術とともに新陰流軍学を相伝した。秀胤は武田信玄に仕えた岡本半助にそれを伝え、半助の弟子で徳川家康の家臣小幡景憲《おばたかげのり》は、『甲陽軍艦』に記される信玄の戦法と『訓閲集』的軍配を合わせて甲州流軍学を大成した。そしてそれをもとに北条流や山鹿流などの近世軍学が誕生した。

秀胤伝の『訓閲集』は陰陽五行などの呪術的要素が強いが、信綱から細川藩の剣術師範となった疋田豊五郎に伝えられ、細川藩の新陰流師範家林家に伝えられた『訓閲集』はそれとは内容が異なっており、実戦的側面が強い。この『訓閲集』の内容は、陣の配置や城攻めの方法、軍器や首実検の方法、出陣の日取りなど多岐にわたるが、巻三が「斥候（ものみ）」となっており、間諜の術・遠候の法・中候の法・斥候の法・物見三段の法・物見秘伝の条々・大物見の事・斥候禁戒・使番の法・水を尋ねるの法・物見の追加についての各項が立てられている。

ここでは、「それ兵家の肝要は斥候にしくはなし。けだし兵法は詭道なり」のように『孫子』を引用しながらも、具体的な斥候の術について述べられている。

およそ間諜とは軍を興すべき二三年も前より、職人・商人、或いは芸能のある遊士の類を敵国へ遣わして、その国の士・町人の風俗、大将・物頭の賢愚、軍法の嗜《たしな》み、兵粮・水・薪の有無、山川地形の険易《けんえき》、道路の迂直を計り知りて後、軍兵を出すべし。この役人を間諜と云うなり。この術とは天下無事の時、他国の寺社に祈願と号して金銀を遣わし、神主・住僧に親しむときは、その国の風俗を聞き、便となるものなり。またその国にもてあそぶ器物を取り寄せ見て、人の心を探り知るに、国主の好む道具、国中に必ずもてあそぶものなり。よく〳〵思量して謀略に用うべきことなり。その国の政道、直なるときは万民安楽にして、人の雑談、打ちはやる詩歌までもたのしき言多し。政道ただしからざれば、怨み悲しむ述懐の言多し。

（中略）

それ兵家の肝要は斥候にしくはなし。けだし兵法は詭道なり。秘をもつて法となし、勝利はその中にあり。歴代の賢相これを伝えて、これを秘す。あえて妄伝することなかれ。

この内容は、後の忍術書における「忍び」の役割に通じるものであり、「敵国へ近づく五日先に竊盗《しのび》の者三人、敵地へ遣わして山川地形の善悪を見すべし」のように、敵国に忍び込んでその地の風俗や地形、政情などについて知るべしという「忍び」の内容についても記されており、戦国時代の戦闘において忍び的要素が重要視されていたことがわかる。戦闘においては、まず情報を得ることが重要であると説いている。そして、情報を得るためには、それとわからないように職人などを遣わして、敵国の地理的状況をはじめ、人々が話している内容に至るまでさまざまな事項についての情報を収集する必要があるとしている。その上で、斥候・物見の法について具体的に記している。

そこでは、物見から帰って大将に向かって、敵は大軍で押し寄せてくるなどと言ってはいけない、それでは味方の軍勢が気弱になってしまうからで、五千の敵だったら三千と言うようにとか、物見に行って他人から敵の術を聞いてもそれは偽りかもしれないので、自分が見たこと以外は大将に告げてはいけないとか、物見に行って敵と逢っても戦ってはいけないとか、物見に行ったら早く帰ってくるように、なぜなら帰りが遅いと大将の心に迷いが生じるからであるとか、物見の心得について記されているのは興味深い。

『軍法侍用集』

元和《げんな》四年（一六一八）成立、承応《じょうおう》二年（一六五三）に刊行された小笠原昨雲《おがさわらさくうん》の『軍法侍用集《ぐんぽうじようしゅう》』は、『訓閲集』よりさらに詳しく叙述された軍学書である。小笠原昨雲は氏隆のあとを承けた軍学者で、他に『当流軍法巧者書』『諸家評定』などを著している。

『軍法侍用集』は源頼朝以来の実戦軍法を十二巻にまとめたものとされており、ここで記されている軍法は、太平の世になって出てくる後の観念的な軍学とは違って、まさに実戦に即して語られた戦闘者として心得るべき具体的な事柄の総体であると評価されている。その構成は、武勇問答の次第・備へ勝負の巻・道具軍礼の巻・竊盗の巻・日取り方角文段の巻・気の巻から成っており、大将の心持ちのあり方や陣形、道具、日取りの吉凶などについて記されている。巻九以降は呪術的側面が強いが、この場合の呪術は陰陽に基づくもので、密教色の強い日本中世の兵法書よりも、中国の兵陰陽の影響を強く受けていると言える。

その巻第六・七・八は「竊盗の巻」として忍びの心構えから用いる道具まで具体的に記されている。この忍びに関する叙述は、武田信玄の臣下である服部治部右衛門やその他の人物によって相伝された書を利用してまとめられた。巻六「竊盗の巻上」では、「諸家中に伊賀甲賀の者あるべきの事」として、「大名の下には、竊盗の者なくては、かなはざる儀なり」のように、大将がどれほど軍の上手であっても、敵と敵地の状況を知らなければどうにもならないとして、忍びから得る情報の重要性について述べている。その上で、伊賀・甲賀には昔からこの道の上手がいて、その子孫が今でも残っており、諸大名は伊賀・甲賀衆として抱えていることを記している。伊賀衆・甲賀衆は日本各地の忍びの中でも、優れた忍びとして十七世紀初頭には認識されていたことがわかる。これにより、江戸時代を通じて、伊賀出身でなくても「伊賀者」という名称で警備などに携わる職務が存続したのである。

さらには、以下の記述がなされている。

一、しのびに遣はすべき人をば、よく〳〵吟味あるべし。第一、智ある人。第二、覚《おぼえ》のよき人。第三、口のよき人なり。才覚なくてはしのびはなりがたかるべし。但し其役人と定まり、常々此道の心がけある人は他事には不才覚なりとも、吟味あるゆへに、ただ人の才覚よきほどは之あるべきなり。されば前にいふごとく伊賀甲賀衆然るべきなり。

忍びに遣わすのに適した人物として、第一に智恵のある人、第二に記憶力のよい人、第三にコミュニケーション能力に秀でた人、この三つの要素が大切で、これがなければ忍びはなりたたないとしている。そして、伊賀・甲賀衆が優れているとする。

忍びというとかく身体能力が優れていることが必要条件かと思われているが、そうした記載はなく、知的能力に秀でていることが要求されていることが注目される。忍び込んだ際に、どのようなことが起きるかわからないので、何が起こっても局面に応じて臨機応変に冷静に対応する能力が必要だった。また、敵城の構造はどのようになっているのか、敵兵はどこにどれくらいいるのか、兵糧はどれくらいあるのか、そうしたことを記憶し、戻ってきて図面を書いて主君に報告する必要があったため、確かな記憶力が必要とされた。コミュニケーション能力については、忍び込んで密かに見たり聞いたりするだけでなく、相手の土地の人と仲良くなることによってさまざまな情報を聞き出すという手法も用いていたことから、口のよきことは重要な要素だった。

また、忍びに必要な道具として、松明・水松明・楯松明・手火矢・投火矢・うづみ火・巖石《がんせき》

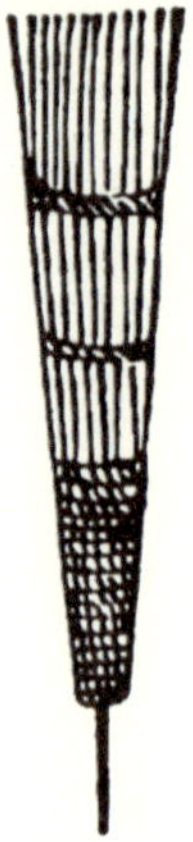

手裏剣
（『軍法侍用集』）

材《かけはし》・継梯《つぎはし》・勢楼・狼煙などの道具が絵とともに記されるほか、忍びの心得を記した「義盛百首」が収載されていることは特筆される。これは歌にすることによって忍びの作法を覚えやすくしたのであろう。そのほか、「夜うちにひしを蒔く事」のように、忍者の道具としてよく知られる「まきびし」についての記述や、「投げ松明の事」では、

　松明此くの如く、長さ大きさ好みによるべし。此所のおもみつりあひよくすべし。此たいまつはしりけんによし。但し人に当るためにはあらず。夜うちになげ入れ〳〵候ためなり。

のように、「手裏剣」について記されている。この記述からは、何でも持っている物を投げることを「手裏剣」と呼んでいることがわかる。『軍法侍用集』の記述は『万川集海』など忍術書に数々引用されている。

四、忍術書の成立

兵法から兵学へ

忍術書は、南北朝時代以来寺院でまとめられた兵法書や、中国伝来の『孫子』をはじめとした兵法書などをもとに作成されたと考えられる。江戸時代に兵法が兵学として幕府と密接に結びついた学問として成立すると、中世的で呪術的な『張良一巻書』『兵法秘術一巻書』『義経虎巻』『兵法霊瑞書』などの兵法書は淘汰され、中国からもたらされた『六韜』『孫子』『呉子』『司馬法』『三略』『尉繚子』『李衛公問対』の武経七書の出版が行われるなどして統治術としての「兵学」が成立し、それに基づいて日本においても、「近世的」な兵学書が続々と編まれていった。そして、切り離された部分が民間において伝承されてきた忍術としてまとめられたと推測される。印を結んで呪文を唱えるとドロンと消える忍者のイメージは、決して荒唐無稽ではなく、中世の戦いでのあり方を反映していると言えよう。

十七世紀中葉になると武経七書が重視され、慶長十一年（一六〇六）には日本でも開版され、林羅山らによって研究が行われた。そして、中国兵法が日本に定着することになり、江戸幕府にとっての統治術としての兵学が確立された。実戦としての兵法から、学問としての兵学への変化である。幕府の学問としての兵学が成立すると、中世的で呪術的な内容は一部を除いて切り捨てられ、忍びについても記されなくなる。他方、国家から切り離された部分が在地に残り伝えられ、さらにさまざまな要素を加味して「忍術」となっていったのではないだろうか。つまり、「忍術」には呪術や「しのび」などの中世的要素が多分に含まれていると言える。もちろん中世そのままではなく、特に思想的側面は近世幕藩体制に符合した内容とならざるを得ない。

太平の世となって実際に忍び込んで情報を得たりする機会はなくなった。そのため、忍びとしての職を失った伊賀衆・甲賀衆らは、絶えてしまうかもしれない技術を伝承しようとして忍術書をまとめたと推定される。基本的に忍術は親から子へと伝えられ、伝書は他見が許されなかった。そして、口伝とされている部分も多い。そのため、忍びの子孫の中には、現代でもそれを守って忍びであることを隠して伝書類を秘蔵している家もある。

伊賀流忍者博物館所蔵忍術書

忍びの者によって口頭で伝えられてきた忍びの術や、他に書き記されたものをもとにまとめたものが忍術書である。忍術を継承する人々の間では「伝書」と呼ぶが、忍術について記した書という意味で「忍術書」という呼称を使用することとする。忍術書には忍びの歴史や忍びの心構えと方法、道具や天気の予知の方法などについて記され、現在では理解困難な内容も多々含まれている。『万川集海』『正忍記』『忍秘伝』がその代表とされるが、それは上野市長を務めた忍術研究家奥瀬平七郎の見解であり、そのほかにも豊富な内容をもった忍術書が現存する。

忍術書が日本中にどれほど現存しているのか、個人蔵のものが多いのでその全容は未だ不明だが、伊賀市の伊賀流忍者博物館にはまとまって所蔵されている。そのひとつが沖森文庫である。沖森文庫とは、上野市（現伊賀市）において古書肆《こしょし》沖森書店を営んでいた沖森直三郎（一八九八〜一九九〇）によって収集された資料で、俳諧関係資料は芭蕉翁記念館に、忍術関係資料は伊賀流忍者博物館に、その他の資料は伊賀市上野図書館に所蔵されている。もう一つは藤田文庫で、甲賀流忍術十四世を名乗った藤田西湖旧蔵の忍術書である。武術関係の資料は小田原市立図書館に藤田西湖文庫として所蔵され、忍術関係の和本類は伊賀流忍者博物館に所蔵されている。藤田文庫の和書は、藤田により筆写された忍術書がかなりあり、大部の内容が細かい字まで原本と同様に筆写されていることは驚嘆に値する。

沖森文庫の詳細は沖森書店より刊行された『忍秘傳：服部半蔵所伝　附家蔵文献書目解題』に詳しいが、所蔵書目一覧は伊賀流忍者博物館のホームページに掲載されている。また、二〇〇七年に伊賀流忍者博物館で開催された特別展『忍秘展《しのびてん》』図録には、主だった資料の写真および解説が掲載された。沖森文庫は大別すると中国兵法書、日本兵法書、忍術書、柳生流剣術書、伊賀越仇討関連資料、浮世絵、近代以降の書籍、伊賀郷土資料などからなり、純粋に忍術書と呼べるものは二十点ほどである。

『万川集海』は延宝《えんぽう》四年（一六七六）伊賀国郷士で藤林長門守の子孫の藤林左武次保武によって編纂された忍術書で、二十二巻、別巻一巻からなる最も大部でまとまっているものである。「まんせんしゅうかい」「ばんせんしゅうかい」どちらの読み方もある。伊賀・甲賀四十九流の忍術をまとめたと書かれており、忍術の百科事典と言ってよい。藤林長門守の供養塔が伊賀市東湯舟にあり、また手力《てぢから》神社には藤林氏の氏神で、長門守の第四世冨治林正直が献灯した石灯籠が現存する。藤林は藩主であった藤堂氏の「藤」の字をはばかって冨治林としたとされ、保武をはじめ歴代の墓は上野城下の西念寺《さいねんじ》に残されている。『万川集海』の内容については次章で述べる。

『正忍記』は三巻からなり、延宝九年（一六八一）紀州藩の軍学者名取三十郎正澄によって著された。名取氏の菩提寺は和歌山市恵運寺で、正澄の位牌や墓も同寺に現存している。正澄は楠流の一派である楠正辰《まさたつ》に南木《なぎ》流を学び、後に新楠流を創始し、承応三年（一六五四）紀州藩に仕えた。内容は、忍びの実践的な技術や呪術などが具体的に書かれている。そして、禅の影響を受けて、城や家には目に見える門関はあるけれども、人の心の門関は目に見えず、それを見通すことが「無門の一関」として忍びとして重要であると述べている。

『忍秘伝』は四巻からなり、服部半蔵保長、正成に伝えられていたものを承応四年（一六五五）三月に服部美濃辺三郎らによってまとめられたとする。おそらくはこのとき服部半蔵に仮託してまとめられたのだろう。忍びの歴史や道具、忍びの心得などについて書かれている。記述が『万川集海』と共通する部分があることも注目される。

さまざまな忍術書

『万川集海』『正忍記』『忍秘伝』のほか、さまざまな忍術書が知られており、代表的なものを以下に掲げる。

楠流の忍術伝書である『当流奪口忍之巻《とうりゅうだつこうしのびのまき》』およびそれに注釈を加えた『当流奪口忍之巻註』の巻頭には、「此当流ト云ハ、則楠流ノ事也、奪口ト云ハ忍ノ事ニテ其家々ニ依テ名ノ替リアリ」と記され、忍びはどのようなことを職能とし、忍び込むにはどのようなことに注意し、いかに忍び込んだらよいか詳述されている。また、「忍」という字のもつ意味について解釈が加えられ、盗賊とは違う忍びの精神性が強調される。

『伊賀流甲賀流竊奸秘伝《いがりゅうこうかりゅうしのびひでん》』は甲州武田家に伝わったとされる忍術書で、武田信玄は諜《シノビ》を左右の手のように自由に使ったため、全ての戦いに勝利したとする。

『万川集海』箱（伊賀流忍者博物館蔵）

そして、横田備中・原隼人・多田治部左衛門・高田郷左衛門の四人を出抜者《デヌケ》（すっぱ）の頭として使ったという。また、この書では、梅村澤野という女性を聖女と記しており、女性が忍術を伝えたとされていることは注目される。忍術の名称として、禹通灘身《ウツセミ》之法以下の名を記しているが、すべて口伝と記されていて内容は不明である。

『賀士手牒《かざむらいてちょう》』は彦根藩の伊賀衆である四宮重住による書で、室町幕府第十三代将軍足利義輝の時、伊賀国に忍法を専ら業とする者が十一人あり、それは野村郷の大井孫大夫、新堂郷の金藤小太郎、楯岡郷の道順、下柘植郷の木申・小申、上野郷の左近、神戸郷の小南、山田郷の八右衛門、音羽郷の木戸、甲賀郷の高山太郎次郎、同郷の太郎左衛門だという。その中で楯岡郷の道順が近江国の佐々木承禎（義賢）のために伊賀の四十四人、甲賀の四人を召し連れて百々《どど》某を亡ぼし、その後彼らがそれぞれ忍法を立てて専業としたという。そして、忍び込むときのさまざまな道具が絵とともに記されている。

『伊賀問答忍術賀士誠《いがもんどうにんじゅつかざむらいのまこと》』は甲賀流忍術書と考えられ、忍術は幻術・妖術とは異なり、仁・義・礼・智・信の五常を一致させた心をよく丹田へ納めて動かないことを忍びの心といい、ゆえに忍を保つ人は甲賀士に限らず、天下にいかなる忍人もあるやもしれないと述べている。

『引光流忍法註書　附長家伝《つけたりちょうかでん》』『福嶋流蜜忍之註書』は加賀国に住したとされる盗賊熊坂長範の流れをくんだ引光但馬守を祖とする忍術書である。引光流は安芸国福島正則家に伝わったとされ、福島流とも称する。呪術的内容に富み、忍びの方法や道具について図と共に説明している。

『甲州流忍法伝書老談集《ろうだんしゅう》』は武田信玄に仕えた山本勘助と馬場美濃守が詮議したとされる馬術と忍術に関する書で、兵糧丸の成分や松明の作成法が記され、種々の道具の絵が描かれている。

『忍術応義伝』『忍術秘書応義伝之巻』は甲賀流の伝書で、忍びの由来や変遷について記している。

『甲賀忍之伝《しのびのでん》未来記』は尾張藩に仕えた忍びの木村奥之助の口伝を近松茂矩《しげのり》が筆授し、文化《ぶんか》二年（一八〇五）尾州之士鈴木貞美より水野忠通が伝授し書写したとする。近松茂矩（彦之進）は元禄十年（一六九七）に生まれ、尾張藩四代藩主徳川吉通に仕えて吉通が開いた全流（一全流）兵法の伝授を受け、のち長沼流兵学に傾倒し、錬平館を立てて門人に教えた。現在七十歳前後の者は乱世を経験し実際に見聞して古伝のようにすることができるが、それより若い者はそのようにできないので、未来のために十三ヶ条を書いて残したとする。

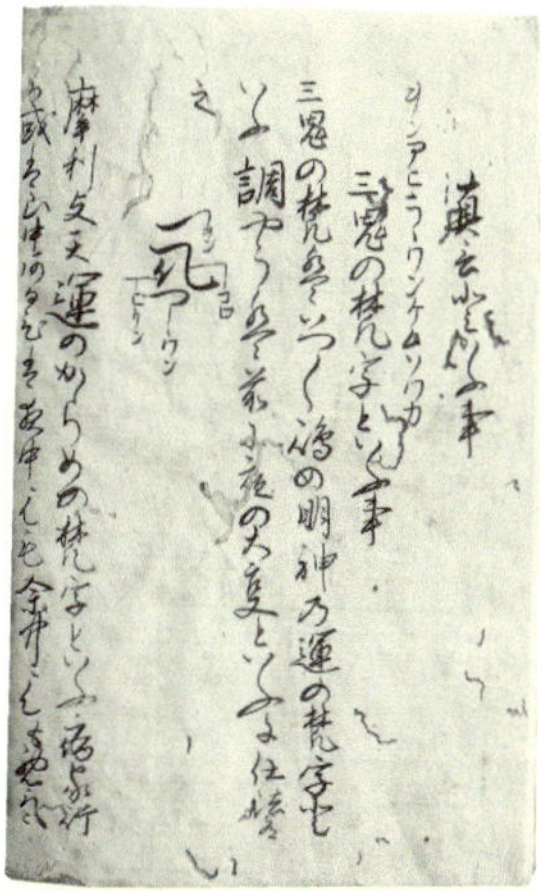
『引光流忍法註書附長家伝』

また名古屋市蓬左文庫所蔵の『用間加條伝目口義』『用間伝解口伝書』『用間伝解』も忍術に関するまとまった書である。旧藩士の子孫鈴木信吉旧蔵書で、尾張藩の兵学者近松茂矩の所蔵であった。伊賀・甲賀の忍びの方法や歴史について伊賀伝曰、甲賀伝曰として詳細にまとめられている。

忍術にはさまざまな要素が含まれており、侵入術・破壊術・武術・変装術・交際術・対話術・記憶術・伝達術・呪術などのほか、医学・薬学・食物・天文・気象・遁甲・火薬などの知識も記されている。つまり、忍術は当時の最先端の技術を集約した知恵の宝庫と言うことができよう。ただし、他書から単に引き写している部分もあるので、書かれている内容をすべて忍びの者が実践していたと考えるのは早急である。忍術書の伝本関係を探っていくことは今後の課題である。

第三章　忍術書の世界

一、忍びとしての心構え

『万川集海』

十七世紀後半になると相次いで忍術書が成立し、そこでは忍びは盗賊と違うことが強調されている。忍術書は日本および中国の兵法書をもとにまとめあげられ、竊盗の起源を漢高帝のときに求めたり、日本では聖徳太子のときに求めるなど、古くから存在していることを説き、権威づけをはかっている。

忍術書の種類はさまざまであり、個別の術についてのみ記したものから、さまざまな術を総合し体系的にまとめたものまである。忍術書のなかで最も大部で、さまざまな忍術書を集積した書が『万川集海』である。『万川集海』とは、天下の河水がことごとく大海に流入して広大となるように、伊賀・甲賀の忍びの者たちが秘してきた忍術・忍器ならびに今代の諸流のあしきを捨てよきを撰びとり、また和漢の名将の作った忍術の計策等をあまねく集めたものであるとする。

その項目を挙げると、正心・将知一忍宝之事・将知二期約之事・将知四不入謀之事上・将知五不入謀之事下・陽忍上遠入之事・陽忍中近入之事・陽忍下目付事・陰忍一城営忍上・陰忍二城営忍下・陰忍三家忍之事・陰忍四開戸之事・陰忍五忍夜討・天時上遁甲日時之事・天時下天文之事・忍器一登器・忍器二水器之事・忍器三開器・忍器四火器・忍器五火器からなっており、忍術の百科事典と呼ぶのにふさわしい内容であるが、実際には日本の忍びが用いなかったと思われる事項も収載されている。北宋の慶暦四年（一〇四四）成立の『武経総要《ぶけいそうよう》』や明の天啓元年（一六二一）に成立した『武備志《ぶびし》』を参考にしたと考えられる箇所もあり、中国の都城を攻略するのには有効であっても、日本の城郭に侵入するのには適さないであろう道具もそのまま掲載している。

忍びとして必要な十の要素

巻第五「忍者可召仕次第ノ事」には、忍びとして必要な十の要素が記されている。


第一、忠勇謀功信の五つがあって、心身健康な者。

第二、平素柔和で、義理に厚く、欲が少なく、理学を好んで、行いが正しく、恩を忘れない者。

第三、弁舌に優れて智謀に富み、平生の会話もすぐに理解し、人の言う理に乗じて欺かれることを大いに嫌う者。

第四、天命を知って儒仏の理を兼ね備え、死と生は天命であることを常に心がけ、欲望から離れることを常日頃から学び、先哲の言葉をよく理解している者。

第五、武士の規範を知ることを好み、古武士の忠勇心をもち、義を重んじて主君に代わって命を差出すことができる者。あるいは智謀により敵を滅ぼした和漢の名士の風を聞き伝え、軍利戦法に関心があり、英雄の気概を備えた者。

第六、平素は人と諍論することを好まず、柔和だが威厳をもって義理深く、表裏のない善人としてよく知られている者。

第七、妻子あるいは親族等がみな正しい心をもっていて、反り忍の害がない者。

第八、諸国を廻って諸所の国ぶりをよく知っている者。

第九、忍術をよく学び、謀計に敏感で、文才があって書をよくし、最も忍術になれていて軍利に志が厚い者。

第十、軍術は言うに及ばず、諸芸に通じていて、詩文あるいは謡、舞、小唄、拍子、物まね等の遊芸に至るまで、時宜にかなって使うことができ、時間を埋めることができる者。

これらを兼ね備えた者は希有であるが、そのような人のことを上忍と呼び、主君はそうした人物をよく見極めて用いたならば勝利を得ることができるとしている。そして、上忍は人に名を知られない者のことである。しばしば、上忍・中忍・下忍という階層があって、ピラミッド型の支配構造があったかのように認識されていることがあるが、伝書からはそうした階層性は見受けられず、技の上手・下手によって区別がなされているだけである。

『万川集海』では『孫子』からの引用が多いが、『孫子』が戦闘を指揮する人物に対しての書であるのに対し、『万川集海』は実際に最前線に立って任務を遂行する人物のために書かれた書であるという点で決定的に異なっている。そのため、『孫子』の記述を引用しながらも、違った意味としてとらえている部分もある。そして、『孫子』そのままではなく、主君に対しての忠誠心が強調され、道徳性の強い内容となっている。また、忍びの者の行う仕事は、音もなく臭いもなく智名もなく勇名もないけれども、その功は天地造化のごとき大きな仕事であるのだと述べている点が忍びの心得として最も重要な箇所であろう。すなわち、表だって自らの功名を声高に主張することなく、淡々と自分に課せられた任務を遂行するのであるが、その功績は決して小さいものではなく、国家を動かすほどの大きなことをなしとげることもあるというのである。

こうしたあり方は、自己を押し殺して耐え忍び、主君に対して忠誠心を尽くすという江戸時代以来の日本人のあり方を如実に示している。このような精神性を重視した忍術書が十七世紀後半に成立したということには、実際の戦闘からは遠ざかり、江戸時代の幕藩体制による支配が安定し、儒教的倫理観が浸透していたということが背景にあろうが、それと同時に、忍びという職能に付随する精神性が反映された結果と言えよう。そして、そうした精神性を有していることが、忍者が現在に至るまで日本人にとって人気を保っている理由のひとつとなっているのではないだろうか。

正心

巻二「正心第一」では、忍びの者の心構えについて詳しく記されている。その内容は以下のとおりである。


忍びの本は「正心」である。忍びの末は陰謀やだますことである。それゆえに心が正しくコントロールできないときは、臨機応変の計略を遂行することができないのである。

孔子曰く、その本が乱れていて末が治まることはない。

いわゆる正心とは仁義忠信を守ることにある。仁義忠信を守らなければ、強く勇猛なことをなすことができないばかりか、変に応じて謀計をめぐらすこともできないのである。

ゆえに『大学』に曰く、心がここになければ見ても視ることができず、聞いても聴くことができず、食べてもその味を知ることができない。ここことは仁義忠信を指していうのである。

（中略）

もしこの旨に背き、私欲のために忍術を行い、無道の君主を補佐して謀計を企てたのなら、たとえいかなる陰謀をたくらもうとしても、その陰謀は必ず露見するに違いない。もし露見しないで一旦は利潤があったとしても、結局は自身の害となることは必然の理である。つつしまなければならない。

忍びにとって最も重要なのが、「正心」という心のあり方であり、それがなければ盗賊と同じであると注意が喚起されている。ここでは孔子の言葉などを引用しながら、忍びの者としての心がけとして、仁義忠信を守る心が重要であり、それがなければ功を成し遂げることができないと述べている。私欲のために忍術を使ってはならないのである。

忍びの特性

そして、「正心條目」には興味深い記述がある。

この道を業とする者は、ひとたび戦となれば主君のために大いに忠節を尽くし、大功を立てることだけを欲して、主君の安否、国の存亡は我一人の重任であると心得るべきである。功成り名を遂げて身を退くことこそ臣下の道であり、もしわずかな義理にかかわり、わずかな恥を忍ぶことなく、自分のために身を滅ぼしたなら、これを禄賊とも匹夫の勇ともいうのである。ゆえに、主君から禄を受ける者は、常に人と話すごとに言え。「自分の命は、自分の好きなように生きあるいは死ぬのではない」と。なぜなら主君に売りわたしたからである。それゆえに、たとえ自分を踏み打つ者がいても、堪え忍ばなければならない。

主君のために忠節を尽くすという考え方は武士と共通する考え方だが、国の存亡は自分一人にかかっていることを認識し、任務を果たしたら身を引くという内容は忍びらしいと言えよう。さらには、忍びの身は主君に売り渡したのであるから、どんな場合でも堪え忍ばなければならないという記述は、主君との契約により任務を遂行するという忍びの特性を表しているのではないだろうか。

その上で、酒・女・物欲にふけるのを禁じており、自分自身を常にコントロールする強い意志が必要とされた。

常に酒色欲の三つを堅く禁制し、ふけり楽しんではならない。酒色欲の三つは自分の本来の心を奪う敵である。古来、酒色欲にふけり、陰謀を漏らしたり害を蒙った先例は数え切れない。

その次には「刃の心」について言及している。中国では「間」「諜」「細作」「游偵」「姦細」などと呼ばれる存在が、日本では「忍び」と呼ばれる理由について、この術全体が武勇を旨とするからであり、そのためこの術を志す者はまず武勇を心掛けるべきだとしている。そして武勇の心掛け方については、血気の勇を捨て去り、「義理の勇」を心掛けよと述べている。同じ武勇といっても義理の勇がなければ君子の勇ではなく、血気の勇というのは、一時の怒りによって剛強を働かせることができても、次第に怒りが薄くなるに従って、ずっと剛強の働きを心底に保つことはできないとしている。

そして義理の勇とは、つまりつまってやむを得ず起こす勇であり、この勇はいつまでも冷めることなく、ことに私心がないためにまず己の欲心に克ち、前後を思案して、なおかつ必死ならば即ち生ずということを心の守りとして働くために、我が身をまっとうして敵を倒すことができるのであり、仁義忠信をよく知りよく行おうと思わずして、義理の勇を起こすことができないとしている。そして、この後には仁・義・忠・信について詳しく説明を加えている。

『当流奪口忍之巻註』

こうした精神性については、『当流奪口忍之巻註《とうりゅうだつこうしのびのまきちゅう》』でも同様に述べられている。『当流奪口忍之巻註』の成立年代については、本文中に記されていないが、慶安《けいあん》四年（一六五一）に没した由《ゆ》井正雪《いしょうせつ》の逸事や「明暦二年[三]江戸大火事」に言及していることから、一六六〇年代に書かれたと考えられる楠流の忍術書である。奪口とは他の国に住む人のしゃべり方を真似することで、忍びのことを指す。この書では「忍」の文字のもつ意味について、「刃《やいば》」の下に「心」を置き、どんなことにも動じない心持ちが大事だということを最初に述べている。また、万事耐え忍ぶことが重要であると唱えている。そして、忍びに最も必要とされる要素は、肉体的強靭さではなく才覚であるとしている。

忍之一字

此忍ト凌クト同ヤウニテ大ニ替アルコト也、先凌クトハ炎暴ノ時扇ヲカサシテ日ヲ厭フ如ク、物ヲ隔テ凌クヲ云、忍ハ直ニコタユルト云心也、此一字至テ大事也、字ノ心ハ刃ノ下ニ心ヲ書、心ハ胸也、胸ニ白刃ヲ当テ物ヲ問ヒ、決断ニ逢フ心也、此処ニテ其コトヲ顕ス時ハ、直ニ突通サル、ヲ忍フ心也、此忍ニ二通リアリ、初心ニ習フハタトヘハ灸ノ皮切リヲコタユル心、血気ヲ以テ忍フコト也、又ヨク熟得シテハ、刃ヲ以テ肉身ヲ刺ストモ、心ヲ除テ忍也、歌ノ心ニ、

空蟬のもぬけのからと身ハなりて　我もあらハこそ物恐もせめ

右ノ心ノコトク、離テ忍ヲ云、至テ仕ニクキ処也、故ニ初ハ右ニ云如ク、灸ノ皮切ヲ忍如ク、忍ニアラサレハ其切ヲ成サル也、最万事ニ此心大事也、古語ニモ百戦百勝不如一忍ト云、物毎ニ忍フ心ナクテセキアワテル時ハ仕損ルコト多シ、

いそかすはぬれまし物を旅人の　跡より晴る、野路の村雨

ト云古哥ノ心ニテヨクク可心得也、是忍ノ一字也、

盗賊とは違う「忍び」の精神性が強調され、どのような辱めを受けても生を保たなければならないという「忍生」、平生から忠義のために命を捨てることも恐れず、また忠義に限らず万のことについて死を恐れないという「忍死」、金銀ばかりでなく何であっても心の望み欲することを制する「忍欲」、人に対して言いたいことがあっても自己主張をせず自分を押し殺す「忍我」、人に諂《へつら》わず人に従わず己の心のままに自立する「忍人」という五忍について説明を加えている。

生き生きて生き抜く

『軍法侍用集《ぐんぽうじようしゅう》』巻第六「第四、しのびに行く人心得の事」では、命を捨てて名を惜しみ、忠を尽くして身を捨てる決心が必要だと述べている。「命を惜しむな、名を惜しめ」という言葉は、『保元物語』によれば、保元の乱の際に宇野親治《うのちかはる》が部下に対して言った言葉で、江戸時代の「武士道」についてまとめた書である山本常朝《やまもとじょうちょう》の『葉隠』に通じる考え方である。名誉のためには命をも投げ出す心構えが大事で、主君に対して忠誠心を尽くすことが大事だと説いている。しかし、死んでしまったら忍びは職務を全うしたことにはならない。

『義盛百首』には次の歌がある。

いつはりを恥とおもはじしのびには敵出しぬくぞならひなりける
いつはりもなにかくるしき武士《ものゝふ》は忠ある道をせんとおもひて

この歌では、主君に対して「忠」の心持ちがあれば、敵をだますことも恥ずかしく思う必要はないと述べている。忍びは自らの意思で相手を出し抜くわけではなく、主君の命を受けて、それに忠実に業務を遂行するのである。また、

しのびにもほそりをするな武士《ものゝふ》のまことのなきは一類のひけ

とあるように、忍びをするとしても、物を盗んではいけない、武士としての気概を持たなければいけないと、忍びの精神性を強調している。そして、

しのびとて道にそむきしぬすみせば神や仏のいかでまぼらん

のように、忍びだからといって、道に背いて盗みを働くようなことをすると、神仏の罰があたると言っている。さらには、

もの、ふはつねにしんじんいたすべしてんにそむかばいかでよからん

のように、常に信仰心を抱き、天に背くことなく恥ずかしくない行動をとることが求められている。

「第六、しのびの人こしらへの事」では、忍びは、人に追われて逃げることを恥と思ってはいけない、刀・脇指・諸道具を捨てて帰ることも多いので、名前や印が付されている道具は持ってはならない、ただ敵を知ることが肝要だと心して、自分の命を重んじて忠義を果たすようにと説いている。忠義を果たすとは、恥を忍んでも逃げ帰って敵の情報を伝えることにあるのである。そのために、侵入する際には、まず出口を確認しておくことが重要だった。そして、忍びとして日々精進し、道に背かず、信心をもって忠節を尽くすことによって神仏に守られ、職責を果たすことができたのである。

忍びの職能としては、巻第三「第六、窃盗頭の事」にあるように、城に火をつけたり、城へ侵入する際に味方の手引きをしたり、待ち伏せをしたりすることがあるが、最も重要となるのは、相手の情報を獲得することなのである。そのためには、命を落としてはならず、戦いを避け、生き生きて生き抜くことが求められたのである。

『謀計須知』

『謀計須知《はかりごとすうち》』でも忍びの心構えや方法について具体的に記している。古今の明主良将はみな「間」を抱えており、もし「間」を用いないで戦をしたならば、たとえ勝ったとしても真の勝利ではなく、負けても本当の負けではなく時の偶然であるから、戦いのたびに「間」を遣わし、「細作」を用いなければならないとしている。そして、「間」を任じるにあたっては、その器に適った人物でなければならず、さもないと敵のために「反間」となって味方を害することになってしまうと述べている。「間」「反間」「細作」は『孫子』に登場する用語だが、しばしば「忍び」と同義に用いられる。忍術書では『孫子』などの中国兵法書を部分的には利用しながらも、日本独自の考え方を述べている。

さらに興味深いのは、「間」を用いるのは戦いの時だけでなく、国ごとに二―三人置いておき、周辺諸国の情勢を把握しておくのが大事で、他国のよい政治は自国に用い、他国の悪政は自国の戒めとして万般政事の助けとすることは、乱国の時ばかりではなく治国の要であるとしている点である。

深ク間ヲ用ルノ本ヲ云ヘハ、既ニ戦ヒニ臨ンテ彼我ノ交ヒニ用ルハ端末ノ論ナリ、是故ニ間ヲ用ルノ本ハ治世安民ノ時タリトモ成ヘキコトナラハ、天下ノ国毎ニ二人三人ノ間諜ヲ付置、其処々ヲ土地其家中ノ風俗政道ノ善否且山河嶮易本道間道ノ類ヒ、其長臣ノ賢愚ニ至ルマテ、予メ是ヲ聞キ諸国ノ形勢ヲ掌ニ握リ、且ツ他邦ノ能政ハ我カ邦ニ用ヒ、他国ノ悪政ハ我カ戒トシテ万般政事ノ助ケトナストキハ、乱国ノ時ノミニ非ス、治国ノ要緊也、

そして遣わす人は、伊賀・甲賀の者が最も適していて、平生であっても戦場であってもともに無二の忠実な者かつ才智ある者を撰んで遣わすべしとしている。伊賀・甲賀者が忍びとして優れているという考え方は他の忍術書にも共通して見られ、江戸時代初期にあって広く認知されていたと言えよう。

二、忍び込みの実際

忍び六具

忍びを行うためにはさまざまな道具が必要となる。しかし、さまざまな道具を持っていけば、それだけ量も多く重くなるので、単純で多用途に使える道具が基本となる。『正忍記』「忍出立の習」には所持する道具や衣装について記されている。

凡そ忍といふは、其人の知れさるを本とす。故に出立形をまきらはする様也。古の能く忍ふものは、父子兄弟たりと云へども、此者を見分くる事かたし。まして他人におゐておや。先忍に定りたる六具有り。

あみ笠、かぎ縄、石筆、薬り、三尺手拭、打竹《ウチタケ》、是なり。

（中略）

亦云く、着るものは茶染《ソメ》、ぬめりがき、黒色、こん花色。是は世に類多ければ、紛る、色なり。雨羽織、かつは能その形をかゆる。忍の時は大わきざし一腰を用て吉。身を墨にてぬる事あり。帯は黒色、丸ぐけの端なしと云輪帯《ワヲビ》なり。取る所端となる早わざのしかた、尤吉し。


忍びは六具を携帯するようにと説かれている。編笠はかぶっていても不思議に思われず、顔を隠すのに都合がよい。鉤縄は物や人を縛ったり、塀によじ上ったり、川や堀を渡るときに用いられる。石筆は滑石・蠟石を棒状にしたもので、見聞きしたことを筆記するために用いた。薬は腹が痛くなると動けなくなるので、特に腹痛のための薬が重用された。三尺手拭いは縛ったり顔を隠したりさまざまな用途に用いた。そして打竹は火を付けるための道具で、特に火術を得意とした忍びにとって重要だった。もちろん、持参する道具はこれだけに限らず、臨機応変にさまざまな道具を持参した。宝暦《ほうれき》四年（一七五四）九月十日に書写された京都府立総合資料館所蔵『山崎流忍之書《やまざきりゅうしのびのしょ》』では、強い糸、差縄、竹筒、長手拭、焼飯、針、手火松明、薬などを用意するとよいとしている。『用間加條伝目口義《ようかんかじょうでんもくぐ》』によれば、こうした道具はなめし革の袋をこしらえてその中へ入れて持つようにと記されている。

服装については、これと決まったユニフォームがあるわけではない。柿渋で染めた茶色や焦げ茶色、黒、藍染の濃紺色など、暗色で目立たない色が用いられた。また、雨合羽で形を変えたり、体を墨で塗って闇夜に目立たなくすることもあった。こうした色の服を着るのは、いわゆる「陰忍」で夜に忍び込む場合であり、昼間こうした服を着ていたならば、かえって目立ってしまう。

多くの道具を持っていったならばかさばるし、落としてしまう可能性もある。『正忍記』「高越下《ひき》きに入るの習」には、針ほどの物でも道具は持たない方がよいと書かれている。

凡忍の者の持つ道具いろ〳〵の品有れ共、別而異なる道具は、人のあやしみ疑ふ物なれは、是をよろしきとは云がたし。ねがわくは、針程の物にても道具とならば持へからず。事の急なるときは、とり落す事など有るもの也。か様の事のはしゝこそ、顕はるゝ物とは云伝へたり。心得べき事也。

また、『用間加條伝目口義』法意巻には「忍衣類之事」として以下の記述がある。

他ヘ忍フ時ワサト他国者ト見セル事アリ、又打マシリテ其国ノ者ト見スル事アリ、又トチヘンツカスニナス事有、コレラハ其時ノ衣服ノ品ニテ変化スヘシ、惣シテ目立ヌヤウニ世並ノ衣服ヲ著シ、早ク見知リノ付サルヤウニスヘシ、著カヘノ伝アリ、コレハ譬ハ行時ハ黒キ著物ヲ上著ニシ、小紋ノ著物ヲ下著ニシ、帰ル時ハ黒ヲ下著ニシ、小紋ヲ上著ニスル格也、闇ニハ黒ヲ好ム、月ノ夜ハ黒ヲ忌ヘシ、此心持忘レサレ、

忍ぶときにはわざと他国者と見せるときもあれば、その国と同一にすることもあるが、総じて目立たぬように普通の服を着ることを旨とした。また、行きと帰りで着衣を替えることもあった。そして、闇夜には黒色の服がよいが、月夜はかえって目立ってしまうので違う色にした方がよいとしている。

七方出

『正忍記』には、忍びが出かけるときの服装として、七方出ということが書かれている。

一、こむ僧　　是はあみ笠をきる法也。

一、出家　　男女是を近付るゆへ也。
一、山伏　　男女是を近付る。刀脇指をさす也。
一、商人　　人の能近付るもの也。
一、ほうか《放下》師　是も人の近付るもの也。
一、さるがく　前に同し。
一、つねの形　其品によりて、是を作る也。

僧や商人、芸能民は諸国を遍歴していたので、他国から来た人であっても怪しまれなかった。時と場合に応じてさまざまな職業の人に姿を変えたのであった。また、長羽織、合羽などを着たりして姿を変えたり、眉を剃ったり書いたりし、お歯黒を付けたり、額の形を変えたり、顔に墨を塗ったり、髪を乱して口にくわえるという手法も記されている。そして、顔に色を塗ったり、食事をとらずにやせ細らせたり、髪・髭を伸ばしたりして変化させることもあった。

情報収集には陽忍と陰忍があり、右のように人に紛れて白昼堂々と潜入して情報を聞き出すことを陽忍、人に知られないように堀や塀を越えて侵入し、密かに情報を得ることを陰忍と呼んでいる。

陽忍として情報を聞き出すためには、その国の言葉や風俗を勉強することにより、怪しい他者と察知されないことが重要だった。また、寺社には情報が集まるので、住職や宮司に金銀を取らせて喜ばせ、宴を開いてくれたら酒を呑ませていい気分にさせて聞き出すのがよいと記されている。

『用間加條伝目口義』には「第五蚤虱之伝」として、

伊賀伝曰、ノミシラミハ人ニツク也、同様ナル宮殿楼閣ヘモ人ニツキテ行也、忍ノ者モ其如クマツ人ニツキテ忍フヘシ、是ハ人ノ通ラサル所ヲ通リ、堀ヲ渡リ、塀ヲコシテ入ルハ変ノ業也、マツハ人ニ随フテ門虎口ヲ出入スヘシ、其門戸カ通レヌ時ハ止コトナク堀ヲコシ塀ヲノリテ入ルナリ、

のようにあり、まずは人に付くノミやシラミのように、人の後に付いていって建物に侵入するのを基本とし、それができない場合は堀や塀を越して入るのだという。

くノ一の術

『万川集海』巻第八には、「くノ一の術」とは、くノ一を一字とした者、すなわち女を忍びに入れることを言うとして、田力すなわち男が入りがたいときにこの術を使うとあり、くノ一はその人物を十分見極めて、誓紙で堅く誓わせ、よくよく合図・約束を言い聞かせた上で、適切な方便で敵の奥深くへ遣わし、もし奥方の従者になれれば謀略を成功させることができるとする。

これも陽忍のひとつである。女性の忍びは塀を乗り越えたりするのではなく、コミュニケーション能力を用いて情報を聞き出すのに使われた。

また、巻十三「陽中陰術四箇条」によれば、女性でなければ入れないところに先に侵入しておき、その後で男の忍びを手招きしたり、色仕掛けで情報を得ることもあった。ただし、女性の忍びが男の忍びと同様に忍び込んで立ち回りを演じるのは、戦後になってからのことである。「男女平等」が唱えられて女性が社会進出するのとともに、忍者映画でも女忍者が活躍する場面が描かれるようになった。

穴蜘地蜘

陰忍ではさまざまな術が駆使された。『用間加條伝目口義』には「穴蜘地蜘の伝」という術があり、これは塀を越せないときに地面を掘って忍び込む方法で、一方のみに心を払わず、その周りを何回も廻って入り口を探すことが蜘蛛の網をかけるように工夫が必要とのことから、穴蜘地蜘と呼んでいる。近くから掘ることができないときには、遠くから日数や人数をかけて掘ることもあったという。すぐに結果を求めるのではなく、時間をかけて地道に準備することにより職務を全うすることができたのである。

また、寒いときには、「不凍大事」として、ニンニクと丁子の油を練り合わせて手足顔に塗ったり、酒をよく塗って手を何度もしごき、親指を内へ折り込めばよいとか、打ち薹のハカマを集めて固めて揉み、懐中して手に握り込んで行けば温かいとしている。

堀を渡る

ときには堀を渡って侵入することもあった。そのためにはまず堀の深さを測る必要があった。北条氏長『兵法雌《へいほうし》鑑《かん》』「夜中の物見に三つ可レ有二見違一事」には、水だけを見るのではなく向こう岸を見て水の量をはかるよう述べている。

> よる忍をつれ城ちかく忍びより、堀のふかさ水の上を見はかるに、水に目を付けいか程とみれば、水底に少し有レ水も七八分もあるやうに見ゆるなり。向の土井に目を付け見はかるべし。

そして、縄の先に鉛玉を付けて水に垂らし、底につくかどうか確認した。堀を渡る必要がある場合について、『用間加條伝目口義』「水中之大事」に、泳ぎに長けた者にまず堀を渡らせて綱を渡し、それから後の者が綱を渡っていくという方法を記している。そして、寒いときにはそこの水を一口呑んでおけば凍えないという。

> 色々ノ術アレトモ、多クノ忍ノナカニハ水練ノ者アラン、ソレヲ先コサセテ綱ヲ渡シヒカ

ヘサエ、究竟ノ者ヲ遣シテ其綱元ヲ警テキラセス、幾筋モワタシテ綱越ニスヘシ、コレカ全キコトナリ、色々ノカラクリハ危シ、口占、一伝、カンノ内ニ歩渡リスル時ハ、一口其川水ヲ呑カ習ヒナリ、コレニテ凍サルナリ、

さらには『正忍記』「水鳥之教」には、水中に潜って竹の筒や刀・脇指の鞘を使って呼吸することを記している。

水にかくるゝ時は、こかげにかほ斗出し、わらなど引かづきてよし。亦竹の筒《ツヽ》、或は刀わきざしの鞘を持、能水をくぐるものは折々是より息をすると云々。

こうした技もすぐにできるわけではなく、日々の練習により初めて可能となる技である。忍びは泳ぐ練習もしばしば行っていたようで、それは幕末の記録にも見ることができる。

塀を越える

塀の越え方は、北条氏長が慶安四年（一六五一）に書いた『一歩集《いっぽしゅう》』「屏越様の事」に以下の記述がある。刀の下緒を結んで足首に引っかけておき、刀を屏に少し斜めにたてかけ、鍔に足を踏み掛けて、飛び上がって屏の腕木に飛びつくのだという。こうした方法は、伊藤銀月の

書で紹介されて広く知られている。しかし、このとき「忍者刀」と呼ばれるような特殊な刀があったわけではない。また、忍者というと刀を背中に背負った姿で描かれることがしばしばあるが、基本的には武士と同様腰に差していた。ただ、狭いところを通るような場合は後ろに回すこともあったかもしれない。

> 攻城の士卒、我増に屛を乗るの節なるゆゑに、前方よりの支度と云こと不ㇾ叶の場なれば、速に用るの所作なり。故に、刀の下緒の先を結て、足首に引かけ、刀を足代に用て刃の方を下にして、少し斜に屛にもたせ、鍔に足をふみ掛、飛上て屛の腕木に取つくべし。刀二尺三寸計に人長五尺にして見、六尺七尺計の屛へは、心安取付上るべし。其時棟木にまたぎて足を挙れば、刀掛りて来るべし。扨、内の方へは敵を払除て、覆の斬に腹をすらせて、後むきに落べし。五尺の長ケに両肱を伸れば、地へ大形届くなり。鎧武者、六尺の上より飛をるるときは、奈何して全きことあらんや。

また、『山崎流忍之書』などにもあるように、鉤縄を用いたり、音を立てないように布を釘に巻いて壁に打ちつけ、それを足がかりにして塀を越えることもあった。

犬に注意

忍び込む際には犬に吠えられることに気をつけなければならなかった。忍びにとって一番怖いのは、犬に臭いをかぎ取られて吠えられることだった。『万川集海』に「音も無く、匂いも無く、智名も無く、勇名も無し」とあるように、臭いを消す必要があった。『甲賀流武術』には、「葱蒜食し口の臭滅去法」として、「胡麻を食へし、又酢を一口呑てよし」とあり、「脇臭治する法」として、「元朝自身の小便にて洗へし、則治する也」、「汗臭を去匂袋方」として、「丁子一両　山椒六十粒、右二味刻絹の袋に入懐中すへし、汗の臭を去也」とあるほか、「ワキ臭根切薬」として、「岩緑青粉にして付へし、奇妙なり」などの記述があり、臭いを消す方法が記されている。しかし、嗅覚の発達した犬には通用しなかったのではないだろうか。

『正忍記』「四足之習」には、雄犬がいるところへは雌犬を連れていき、雌犬がいるところには雄犬を連れていき、犬の声をさせない薬や殺す薬について記されている。

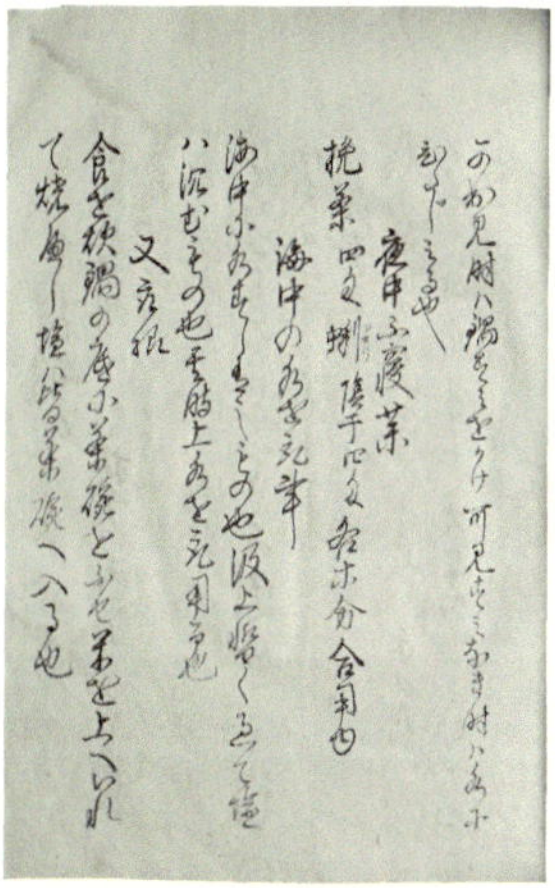
『甲賀流武術』
（伊賀流忍者博物館蔵）

又云く、人をつよくおとす犬には合犬といふ事有り。是は男犬には女犬、女犬には男犬をかければ人をおとす事を忘る丶と云。或は焼食をくわせなどして常々に其犬をこまづける事習也。焼食に油かすのうごまの実《ミ》を交せ喰すれば、声留るもの也。まちんを喰すれば酔て死すると云。され共水をくらふと則よみかへる。鉄のやすり粉を交ゆれば必死すると云。忍のうとましく心にかゝるは、能人をおとす犬也と云々。

まきびし

忍び込んでからは、鼾の音によって家人が熟睡しているかどうか判断し、眠薬をふりかけたり、起きても口がきけなくするために無言薬を振りかけることもあった。

そして、侵入したならば退き口を必ず確認しておかなければならない。忍び込んで逃げ帰るときに、追いかけられそうなときはまきびしを撒いたりもした。『用間加條伝目口義』「菱結配様之事」にそのことが記されている。

ヒシハ鉄ニ制シ、皮袋ヘイレテ持行テ、帰リニ若追カケラレント思トキニ蒔捨テカエル也、口占、

急ナルハ竹ノ跡先キリソキニ同竹釘ヲ十文字ニ打テ用ルナリ、口占、釘ハ少シ炒ルナリ、又、丸キ板ニ鉄釘ヲ三本ツヽ前後打チカヘテモ用ルナリ、此釘ハ一ヘン赤ミソ付テ焼テミカキタテヽ用ユ、口占、

配様ノ心得ハ蒔ステタル時、敵来リニクケレハ、我モ行事ナラサルナリ、然ルアイタ我ハ決シテ不行処ナラハ蒔ヘシ、口占、

『忍秘伝』にも「蒔菱之事」として「家内ニ忍入テ人ヲ出ルヲ防キ、我退クニ便ヲ成スニ是ヲ用ルトキ、鉄ヲ以テモ作リ、又竹ヲ以テモ作ル」とあり、鉄や竹、また天然の菱を用いる場合もあった。まきびしは忍び特有の道具であったわけではなく、中国古代の戦闘の際に用いられており、蒙古軍が日本を襲ったときにも用いられたようである。

足跡を残さない

忍びたる者、痕跡を残してはならない。『用間加條伝目口義』「乱足沓之事」には以下の記述がある。

コレハ三伝アリ、第一、通リ路ニ足跡ツクヲ忌ハ、草鞋ヲ逆ニハキテ少シ通リ、又ホンノ通リニハキテ少シ通リ、度々如此ハキ直スナリ、コレハ行過シカ戻リシカト、跡ニテ不審タツルヤウニス、第二座舗へ忍コムトキハ、成ホト綿ヲアツク入タル皮ノタヒヲハク也、コレニテナリヲトナシ、但シ早クヌキヤスキヤウニスヘシ、見出サレタルトキハ、ヌキ捨テハタラクナリ、第三雪フリニ足跡往還十文字ニフミテ消ヘシ、口占、

足跡を逆に付けたり、雪には足跡を十文字に付けて踏み消すなどして乱すことによって、相

手を混乱させたり、座敷へ忍び込むときには中に綿を厚く入れた皮の足袋を履くことによって音を立てなくさせたりする術などが示されている。また、他人の草履を履くことによって、混乱させることもあった。

見詰・聞詰

忍び込んで、情報を得るには単に見たり聞いたりしているだけでなく、見詰め・聞き詰めしなければならない。『用間加條伝目口義』「見詰聞詰之大事」には、犬の生殖器を使った呪術的な手法が記されるとともに、次のように記されている。

再伝曰、何事ニテモ一通リニサツト見ス聞スシテ、トツクリト念入レテ見ツメ聞ツメルヲ云也、
秘伝曰、何事ヲ見ツケキ、ツケテモ、其事ハ何ユヘニ如此ナルソト、其由ヲ出ル大根ヲヨク見ツメ聞ツメル事ナリ、外へ見ヘシ形象ヲ以テ内ノ心根マテヲ察シキ、キリ見切ルナリ、

通り一遍では、表面的な情報を得ることしかできないので、物事の根本をよく見詰め・聞き詰めて、外側に現出している事象の根本を探らないといけないとしている。そうしなければ見せかけの情報に左右されて、事の本質を見誤ってしまうからである。

三、忍びの身体

嗅覚・聴覚

忍びの任務を遂行させるためには身体・精神とも強靭さが求められたことは想像に難くない。『山崎流忍之書』には、「不断軽業を可仕事」のように日頃の練習を欠かさず行うべきことを説いている。そして、五感を研ぎ澄ますことも必要とされた。嗅覚・聴覚について『謀計須知』に以下の記述がある。危険を察知するためにこうした能力を高めることは重要だった。

鼻物聞ト云コトアリ、是レ鼻ヲ以テカクト、耳ヲ以テ聞トノ二ツナリ、カクト云ハ火縄ノ薫リ等ニ意ヲ付テ、夜中又ハ昼マテモ敵ノ潜カニ近ツク知ルコト、忍ノ習ナリ、物聞ト云ハ、馬ノ足音銜ノ音馬ノ嘶フ声人数ノ物具下散等鳴ル音ヲ聞テ、昼夜トモニ敵ノ近ク来ルヲ聞知ルコト、忍ヒノ大事ナリ、

音を聞くのには道具も用いた。『忍秘伝』には「サヲト聞金之事」として記述があり、図も

載せている。

忍入テ家内ノヤウス分明ニ聞ヘカタキトキニ是ヲ提テ耳ノ際ニ持テ在レハ、内ニ入ノ在トキハ響、此金ニ徹スルモノ也、是忍第一ノ重宝也、金ハシンチウカインスニテ作ルヘシ、是ニ能ヒ、キテ通徹スルモノ也、常ニ懐中ニ入レテ嗜ムヘシ、大方壁一重二重ヲ越シ聞ハ五十間六十間モ越リ響クモノナリ、

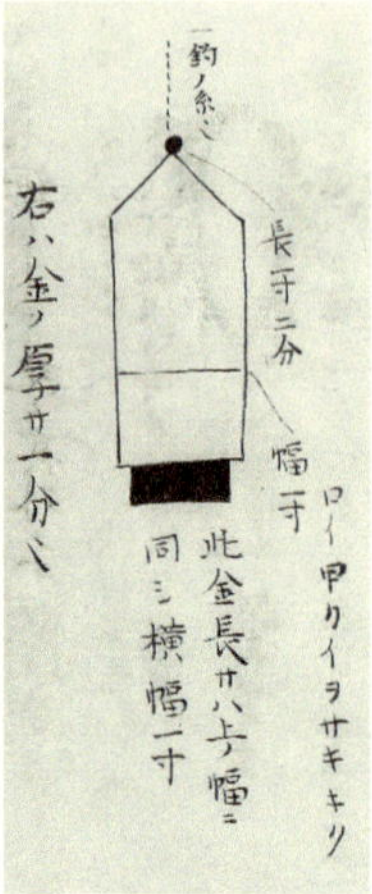

サヲト聞金之事
（『忍秘伝』）

また、川上仁一氏所蔵『村雲流伝書』「草行式目」によれば、聴覚を鋭敏にするために、静かに座ってその後ろで針を落としてもらって音を聞くことにより集中力を養う方法が伝えられている。

味覚

味覚についてては『正忍記』「夜道の事」に「人の通る道は、なめてみるに其の味い塩はゆきもの也」とあり、人馬の汗が地面に落ちてしょっぱくなるのか、実際はどうなのかわからないが、微妙な違いを感じる味覚の鋭さが求められた。

感覚を鋭くするという点では『正忍記』の「しらぬ山路の習」に記されている。忍びはさま

ざまな感覚を鋭敏に研ぎ澄ます必要があった。そして、そうした能力は侵入して相手の声や動きを察知するときにも当然ながら必要とされた。

> 本道と覚しき筋には履、わらんしの古き、或は牛馬の沓すたり有るもの也。尤糞のおとし有。人の往通ふ道は土しつみ、とおらざる道は必土うくもの也。いかほと広き海道にも、人の道すしほそく付ものと也。人かよふ所には必草木の色を見る習有り。言は、草木の色とは木の切りかぶ、草の刈口《カリクチ》を見る也。尤是にあたらしきと古きを見わけて、里近き所と知る。日々にかる所は、草のかり跡段々に有る。是里近かけれは也。
> 鳥、けたものゝ驚くにて、里人の通り繁きを覚《サト》る。心かしこきは、何事によらず見のがしにすへからす。

現代日本人は刺激の強い食べ物を食べているため、わずかな違いを感じ取る能力が落ちていることは確実である。

視覚

また、暗闇で活動することから、暗いところでも目が見えるようにしておく必要があった。『一歩集』には「目を瀑事」として、忍に行かんと思はば、五七日も前より闇所に佇て見習ふときは、常抵と格別して明に見ゆるものなり。可レ秘義なり。此習を不レ知、少々心付あつても、其事を逐てなさざる故に妙を不レ得。然れば教の功深重ならずや。

というように、忍び込む三十五日も前から暗いところに籠もって物を見る練習をするのだという。暗所にずっと閉じこもっている人は暗くても物が見えるようになるので、理にかなったことだと言える。

『甲子夜話《かっしやわ》』巻二十七には、実際に忍びの者が闇夜で目が見えるという話を伝聞として載せている。

先年聞く。忍の術を為す者は、まづ闇夜に立て四方を見ゐるに、初めは何のあやめも知れざるが、後は稍《やや》見へわきて、遂には四方の物わかるとなり。近頃聞《きく》には、御鷹匠も夜目をさらすと云て、勤め始めには暗中にて進退すれど、これも終には火光をからずして道を行ことなると云。

薬により闇夜でも見えるようになる術も記されている。芥川家文書で「免状」とある横帳には、「闇夜目見ル法」として、以下の方法が記されている。

一、樟脳　一匁
一、龍脳　一匁
一、雷落テ焼タル木ノ炭　一匁
右三色合セテ我ヶ目ニ塗ル、

これによって本当に闇夜で目が見えるようになるかは定かでないが、忍びにとっては暗いところでも目が見えるということは重要な能力だった。

視力に関しても、当然戦国・江戸時代の人々の方が現代人より優れており、遠いところ、暗いところを見る能力が高かったに違いない。そして、視力とともに、注意力も必要であった。道についている足跡や土の状況、草木の色、鳥の飛ぶ様子、これらのことからさまざまな情報を得るのである。

触覚

潜入する際には物音をたてないようにしなければならなかった。伊賀流忍者博物館所蔵で寛《かん》文《ぶん》元年（一六六一）二月の奥書のある『甲賀流忍之秘法』「セキヲスル事」では、咳が出そうになったときには、竹筒の中に口を入れて地面に刺したり、地面を掘ってその中に口を入れて咳をすれば音がしないと書いている。

セキヲスル時ハ竹ノ筒ニ口ヲ指入テ地ニサシ付テヒソカニスヘシ、又地ヲ口ノ入程ニ深サ五六寸モ堀テ其穴ヘ口ヲ指入テモセクニ音セス、是ハ自然セキノ出ルトキノ事也、

また、『山崎流忍之書』では、薬を用いて咳が出ないようにするとも書かれている。『忍秘伝』「人竊所通之事」では、紙を口にかんで呼吸音を立てないようにしたり、両手の上に両足を乗せて歩く『万川集海』でも言及される深草兎歩について述べられている。暗闇の中では神経を研ぎ澄まし、手で触って確認しながら前へ進む必要があった。

人ノ枕際ヲ忍フニハ、足ノ音高ケレハ目ヲ醒シ声ヲ出セハ眠ヲ覚スモノナリ、此トキハ紙ヲ口ニカミテ息ヲ細クシ、両手地ニ付テ両足ヲ此上ニ置テ通リ申候、左手ヲ出シ敷ヲ其上ニ右ノ足ヲ乗セ、左手ヲ出シテ其上ニ左ノ足ヲノセテ、次第ニ加様ニ敷申ニハ、音ナクシテ咎ル義無御座候、又畳ノ縁ヲ伝ヘテ通ルニモ余音ハ立不申ト申伝候、

歩き方としては、『正忍記』「夜道の事」に足なみ拾ヶ条として、ぬき足、すり足、しめ足、

飛び足、片足音、大足、小足、きざみ足、はしり足、常の足があることを記している。

また、『万川集海』巻第十三「歩法四箇条」には「座さがしの事」として、闇夜に家の中に侵入した際に、太刀を抜きかけて鞘を一、二寸ほど先へ伸ばして、その先で相手を探り、人に当たったら鞘を外してただちに切るという方法が書かれている。これなどは触覚や反射神経を鍛えていないとできない術である。

握力

軒を伝って入り込んだり、鉤縄を使って堀を渡ったりするときには相当の握力が必要とされる。こうした力は、日々山林で暮らす中で、木に登ったり木から木へ渡ったりすることによって自然と養われたのだろう。天井の梁から梁へと渡るには、相当な腕の力と握力がなければできない。『忍秘伝』「忍入之大極意ノ事」に以下の記述がある。

> 軒ト軒ノ近キ所ニテハ継梯子ヲ用ヘシ、軒下ヲ伝ヘテ入ニハ宮内ヲ持、軒裏ヲ取付テ下ヲ不踏様仕ル也、樋ヲ釣タル軒ニ心ヲ付申ス事干要也、壁ヲ伝テ入ニハ打鑰ヲカケ縄ヲ下取付テ入ヘシ、床下ヲ通ニ根太大別高下ヲ見ハカリテ通ルヘシ、門ヲ開キ通ニ油湯ノ類ヲ以テウルヲシ音ナキヤウニ心得ヲ入ヘシ、

腕の力も確実に現代人の方が劣っている。米一俵は六〇kgであり、かつてはそうした重い物を普通に持ち運びしていたのである。それが三〇kgとなり、さらに現代では米袋は五kgとなったことが、腕力の衰えを示している。

動物のまね

『正忍記』「四足之習」には動物の動きをまねて忍び込むことが述べられている。俊敏な動物から動作を学んで活かしていった。犬猫のほか、猿・狐、さらには蚊や蠅にも学ぶべきことが説かれている。

是は忍の者、犬猫なとの様の真似をして忍ふ事也。闇の夜のくらき所、形の見えぬ所にてするわさ也。人の四足の真似をするとて、形の似るへきものならねば心得へき者也。

また、「狐狼之習」にも、狐狼はけだものの中ではすぐれて賢いものであり、狐はよく人を誑かし、狼は人の心を察することができ、通りにくい道も通ることができ、難しいこともなしとげるなど希代の行いが多いので、それに習うようにとして、関所付近では「狐狼の道」という脇道を探せとしている。

『忍秘伝』「忍入大極意」に「猿子入ノ事」として、猫のように軒伝いに入るとか、猿を真似てその皮を身にまとって木を伝うとされており、さらに場所によって狸・狐・犬にも姿を変えるとする。

白昼ニ家内ニ入ル事軒伝へ棟伝ヘシテ入ヘキニハ、猫ノ形ヲ作リテ入ル事モアリ、庭ノ内木伝ニハ猿ヲ真似テ其皮ヲマトイ被ル事モアリ、作リヤウニ口伝多シ、二疋連一疋連二人ノ心得アリ、或ハ狸狐犬ナト所々ヨリテ其形ヲカリ用ルモノ也、

そして、『用間加條伝目口義』「狐狼ノ伝」には、狐狼の通る山道を往来すべしとか、狐狼が化けて人を迷わすように、いろいろと姿を変えたり風俗をまねてだますことによって忍び込むようにとか、夜陰に紛れて忍び込むべし、それは、狐狼がもっぱら夜に活動することにならえと書かれている。

初　国々堺メニ新関アリテ出入ナリカタキ時ハ、山路へカ丶リ狐狼ノ通ヒ路ヲ往来スヘシ、

中　狐狼ノ化テ人ヲマヨワス如クニ色々ト姿ヲカへ風俗ヲウツシテアヤカシテ忍ヒコムヘシ、

後　昼ハ人目忍ヒ難シ、夜陰専ラニ忍ヒコムヘシ、狐狼モ夜ヲ専ラトナスニナラフヘシ、

身を隠す術

先に記したように、『用間加條伝目口義』には「木の葉隠れの術」について記すほか、「柴隠れ（草葉隠れ）」「仏隠れ」「犬隠れ」「間《ま》隠れ」「鶉《うずら》隠れ」「観音隠れ」といった方法についても記されている。そして、忍びは死んでからも姿を隠さなければならなかった。『用間加條伝目口義』「形ヲ隠ス術」には以下の記述がある。

自害ノ後我死骸マテモカクス術ナリ、コレハフトンノナカヘ筒薬ヲ大分イレ、ヨクカワカシヲクナリ、自害スルトキ四方ニ火ヲツケ、扨其フトンヲシキ其上ニ座シテ死スル内ニ、火ウツルトハシキタテ、黒焦ニナリテ、誰ノ死骸トモ知レス、多クハ骨モノコラス散乱スルナリ、

また、「忍顕大事」には次のように記されている。

トカク死後ニノコリテ事ノアラワレニナルヘキ書状ヲ持ヘカラス、何国ノ何者ヤヲ死骸ニナリテハシレヌヤウニ、何方ノ忍トモ不知様ニ覚悟シテ忍コムヘシ、尤アラワレシ時ハソレキリト覚悟シテ行カコ、ノ伝也、十分ニ仕済シ生テ帰ルト量簡シテハ危シ、必死ノ覚悟ナルヘシ、

身元がわかるような文書を持ってはならず、死んでもどこの誰だかわからないようにし、常に必死の覚悟で臨むべきことを説いている。その他、楊枝のように小さい物にも隠れることができるとする「楊枝隠れ」という術が芥川家文書「甲賀隠術極秘」に記されるなど、隠れる技は種々あった。

飛び降りの術

高いところから飛び降りる術としては、『用間加條伝目口義』に「飛鳥之伝」が記されている。

初　高ミヨリヒクミへ飛下リルニハ、地ヨリ今少シ上ニテ飛アカル心ニスヘシ、鳴音モナクアヤマチモセサル也、
中　鳶口ニテモ棒ニテモ刀ノ如クサシテ、一尺程モアマル程ニナシテツクニ、ナルヤウニカヒコミテ飛ヘシ、
後　若何モナクハ刀ヲサシナカラ、右ノ如クシテ飛ヘシ、ユヘニ刀ノコシリヲ金ニテハルヘシ、

着地する際に、地面から少し上に飛び上がるようにすれば、音も立てずに無事着地できると

する。また、鳶口でも棒でも刀のように差して、一尺ほど余るくらいにして脇の下に抱え込んで飛ぶようにとあり、もしそうしたものがなければ、小尻に金を貼った刀を差して飛ぶのがよいとしている。また、『正忍記』「高越下《ひき》きに入るの習」にも以下のように記される。

高よりおりるには、堀おりと云て、竹にても鑓にても杖につき、すへりながら、背《セナカ》を壁《カヘ》にすりつけおりるよし。亦、せひ長け程の木を持てば、飛んても不レ苦カラ。其木を杖につき飛べば、こけても一たび木にて地をつきたる故に、かろき者也と知るべし。

（中略）

高き所よりおりるには、扣ゑ縄を付くべし。縄なき時は着類をとき、つなき合せて用之。たとへば三間程高き所ならば二間の縄にてさかり落る時は、一間の所を飛に同し。いか程高き所にても、此こころゑあるべき事也。

竹でも鑓でも杖について、すべりながら背中を壁にすりつけ降りるのがよいという。また背丈ほどの木があれば、着地するときに先にその木を地面に付けることによって、転んでも痛くないとする。さらには縄をしばってそれをつたって降りればよいと書かれている。大変実用的であり、マンガの「ムササビの術」のように飛ぶわけではない。

食

次に、忍びが任務を遂行するときの食について見てみる。戦国時代に忍びが特別食を食べていたわけではない。普段の食は武士のそれと同様に、朝夕二回玄米と汁、それに加え煮物・魚といった食事だろう。そして、忍びとして仕事を行うときに持っていく食べ物としては、『軍法侍用集』巻第六「第八、しのび出で立ちの事付けたり食を持つ事」に、

しのびは、かわごろもをきたるがよし。山野にふすためなり。惣別目に立たぬ出で立ち然るべきなり。又食物を持つ事はほしいひにすぐれたるはなし。あらわかめのしほある物を持つべし。

というように、糒《ほしいい》とあらめ・わかめを塩漬けにした保存食がよいとしている。またこのときは、消化をよくするために玄米よりも白米に近い搗いた米を持っていったようである。塩分が欠乏すると体力が低下して無気力になっていくため、それを補う必要があった。

また、忍者食としてよく知られている兵糧丸は、忍びに限らず戦国武将が用いた。越後上杉氏に関する軍学書『北越軍談』にも兵糧丸の類を腰下の小袋に貯えていくべき旨が書かれ、戦国時代の兵士たちは腰兵糧と呼ばれる食糧を腰から下げていった。そこには、糒・焼飯・兵糧丸などが入っていた。

食品化学が専門の久松眞によれば、兵糧丸にはカロリー摂取と同時に体調を整え、病気を遠ざける効果もあるという。兵糧丸の製造方法についてはいくつかあるが、『老談集』には以下のように記されている。

一、白節丸　　　一、餅米五合　　一、ウル米五合
一、蓮肉壱両　　一、山薬壱両　　一、桂心壱両
一、ヨクイニン壱両　一、人参五分　一、氷砂糖壱斤半
右調合水ニテ堅クコネ、セイロウニテムシテ●是ホトニ丸一日ニ五粒七粒用也、馬ニモ人カミクタキ馬ノ口ニ入水少用テ吉、

また、『一歩集』には以下の記述がある。

一、飢を除薬の事
兵糧丸　餅之粉　蕎麦之粉　人参粉　各一両
右七粒に丸、朝粥末のかさ一つ呑而用則一日の食となるなり。又黒豆五合皮を去り粉にす。麻の実三合蒸て日に干皮を去る。右二味合十二時蒸。此薬十三文目食五日物を不食共、腹中充満す。若俄此薬下し時は冬葵子を煎じ用下す。

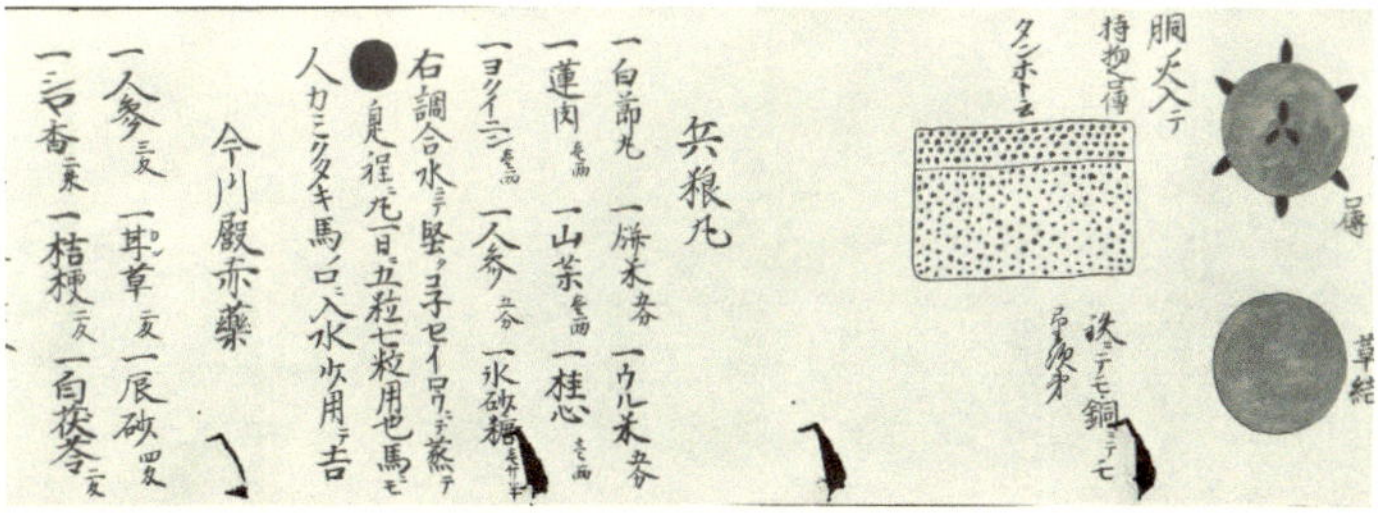

『老談集』（伊賀流忍者博物館蔵）

一、渇を除薬の事
梅干の皮と実とを去り、肉を取、氷砂糖に押交て服用す。

兵糧丸は朝粥を食べるときに七粒食せば、一日腹持ちがするという。また、喉の渇きを取り去る薬として、梅干しの肉の部分を氷砂糖とともに食せばよいという。『万川集海』「軍用秘記」には水渇丸・飢渇丸といった非常食の製法についても記されている。

『用間加條伝目口義』では、

二日三日宛ノ粮ヲ持へシ、忍行届キテ帰リカタキカ又ハ今暫シ居テ見届テカヘラント思フコトモアル也、常ノ飯ニテハコタヘカタキユヘ、此伝アリ、

とあり、常の飯では不足する場合を想定して携行するのだとしてその製法が記されている。さらには「息合之事」として、合戦などのとき、口中の渇きを癒し、息を整えるための薬として、以下の処方が記されている。

一、息合之事
走リシ時、又働キツヨク息キレル事アリ、故ニ此伝アリ、
梅肉ニ砂糖ヲマセテ練テモツヘシ、
青梅ヲスリテ板ニ干シツケテ、コマカニ切リテ懐中ス、梅干ヲ袋ニイレテ持、フクロナカラ口中ヘイル、モ吉、
一伝、ミソハキクチヘキ也、十匁、人参一匁、細末シテフクム也、
一伝、サクロノ皮ヲ煎シ、紙ニシメシホシ付、息合ノ時ニ用ルナリ、

また、いよいよ食べ物がなくなったときには唾を飲み込めばよいとしている。しかし、一日一夜に三百六十度飲み込めば、何十日でも死なないとするのは現実離れしている。

一切食物尽タル時ハ、口ニ唾ヲ一ハイタメテハ呑コミ、又タメテハ呑込、如此スル事一日一夜ニ三百六十度ノミコメハ、何十日ニテモ不死也、コレハ我師七日カ間タ断食シテタメセシ法也異邦ノ寿世保元ニ出タル妙法也、

薬

薬については、懐中していくのは虫薬を基本とするが、忍びの夜には薬を用いて咳が出ないようにしてから出発するようにとも書かれている。その他、薬に関してはさまざまな製法が記されている。それは山伏からの知識を得たものが基本になっているのだろう。例えば、『甲賀流武術』には、夜中不寝薬として、「挽茶四匁　蜊《アサリ》陰干四匁　各等分合用ゆ」とあったり、舟に不酔方として、「白角豆を粉にして梅干の肉によく〳〵煉合せ用ゆへし」、腫物即時に癒《い》ゆる法として、「あひるの玉子すりつふし、灰をませ土用に干し、其後使ふなり」などと記されている。これらが果たしてどれほど効果があったのか定かでないが、呪術的要素が強いものから薬草を用いるものまで、さまざまな薬に関する記述がある。

『用間加條伝目口義』にもさまざまな薬について記述がある。

一、貴妙散之事
陣城へ久々忍ヒコム時ハ、暑ニ中リ寒ニ傷ラレ、霍乱・虫腹痛・頭痛又ハ頓病ヲ生スル事アリ、故ニコレラノ妙薬ヲ品々タクワヘテ持行事也、奇妙ニヨクキク薬ヲ持ヘシ、貴ハタツトムト訓、妙ヲ貴ム也、近ハ奇ト同音也、此奇ノ書カヘトモ思フヘシ、一伝ニ奇妙散ハ至極労倦レタル時ニ用ユル薬也、コレヲ用レハ忽チニ壮健ニナルト云、左ノ如シ、
白蛇一匁　大唐米　匁　細末シ、薄茶一服ホト用ユ、

アマリ強過ルト思フニハ加減左ノ如シ、
白蛇十匁　大唐米百目　餅米廿目　山薬三十目
コレヲ用ユヘシ、

また、忍びにとっては切り傷が多かったことが想像され、血止めとして、「杉原紙香いろにあふり付てよし」とか「春木葉のはを摺奉書の紙に六七遍ひたし、其紙引さき付へし」のように記されていることは注目される。その他、向精神薬、人を狂わせる「アハウ薬」、毒薬や相手にふりかけて目を眩ませる薬の製法についての記述もある。

四、忍具

忍術書にはさまざまな道具について記されており、『万川集海』から代表的なものをとりあげて紹介したい（図は国立公文書館内閣文庫本による）。

登器

【結梯《ゆいばしご》】

結梯には真と草の二通りがある。真とはあらかじめ作っておいたものを言い、草とは、忍び入る際、人に見とがめられることを避けるため、二本の竹を持っていき、その場で組み立てるものを言う。二本の縦竹の間隔は八寸か六寸、縦の長さは用いる場所によるから決まっていない。梯の上下の二、三尺を菰《こも》で包む。これは物音をたてさせぬためであるから、菰に限らず、その時あり合わせの柔らかいものならば何でもよい。

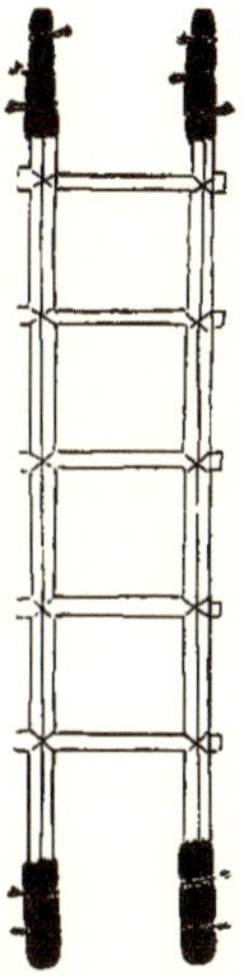

【苦無《くない》】

長さ一尺二寸、あるいは一尺六寸で鉄製。手に持って武器としたり、穴を掘ったり塀を壊す壊器として用いたり、石垣に突き刺し手掛かりとする登器として用いられた。

【鉤縄《かぎなわ》】

石垣などに打ち込み、登器として用いる。とらえた敵を縛ったり、敵船を桟橋につなぎ止めたりするのにも用いた。『正忍記』「高越下《ひき》きに入るの習」には、「高ゑ登るは鍵縄を用る也。此鍵縄に竹の管を結ひ入れ、其の間々に銭を一宛とおし鍵を引けば竿の如くになる。是にて塀を越す也」と記されている。

水器

【浮橋《うきはし》】

浮橋の長さは決まっておらず、渡るところの長短に応じて作る。浮橋の横木は一尺二寸。縄の両端を二尺余りあまらせて、その端にホグセ（土を掘るための鉄の道具）をつける。

【甕筏《かめいかだ》】

甕のかわりに釜、桶、杵、臼などを用いてもよい。その他、蒲筏・葛籠筏などがある。

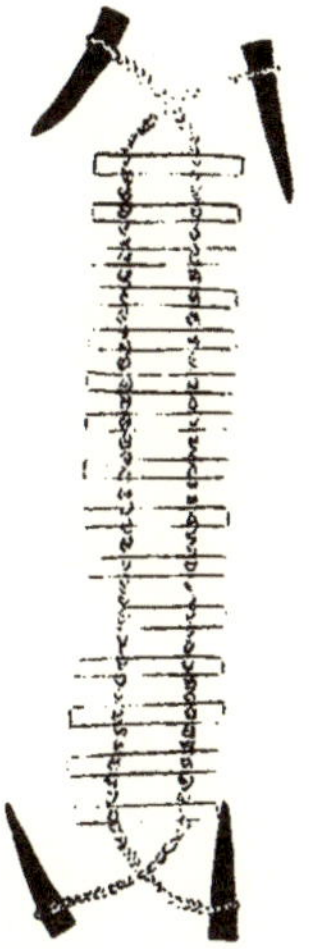

【水蜘蛛《みずぐも》】

水蜘蛛の大きさは直径二尺一寸八分で、内側の一尺一寸八分を円くとる。外側の幅は、五寸ずつ。板の厚さは二分五厘。蝶番の厚さは二厘、長さ二寸二分、横八分。ただし一方に釘を五ヶ所ずつ打つ。

この道具については、『用間加條伝目口義』に「沼浮沓之事」という項目がある。

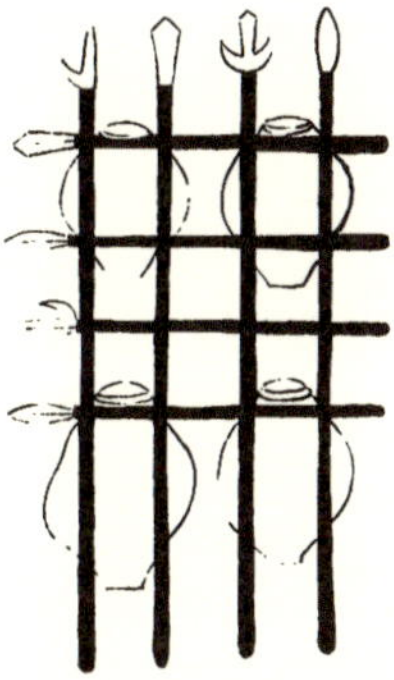

沼フケ田ヲ通ルニハ、竹ヲ何本モ打チカヘサナニシテ通ルヘシ、又一人コスニハ三尺ニ二尺ホトナル板ノ真中ニハナ緒ヲツケテハキヨリユヒツケテ歩ミコスヘシ、口占、

水蜘蛛については、『万川集海』巻第十三「歩法四箇条」に深く広い沼地には橇を用い、小さな泥池は抜き足で歩き、橇の図説は忍器篇水器にあると書かれており、これが水蜘蛛のことを指すのだろう。

一方、「他流水蜘蛛之図説」として、水蜘蛛に貼り付けた皮に息を吹き込んで膨らませて、臍の下に付けて泳ぐとあるので、浮き輪のように用いて川や海で用いることもあったことがわかる。

その様子は『北斎漫画』に見られる姿を想像すればよいだろう。

『忍秘伝』には、「浮踏之事」として、「水中ヲ通ルトキ外ヲ見ント欲スル時是ヲ用ルナリ、ナメシ革ニテ袋ヲ作リ、中ニ風ヲ入テフクラシ、腰ニ結付也」として図が掲載されている。

【水掻《みずかき》】

水掻は前だけに歯を付けた下駄のようなもので、裏に轆轤《ろくろ》を仕掛け、蝶番を付け、上に鼻緒を付ける。

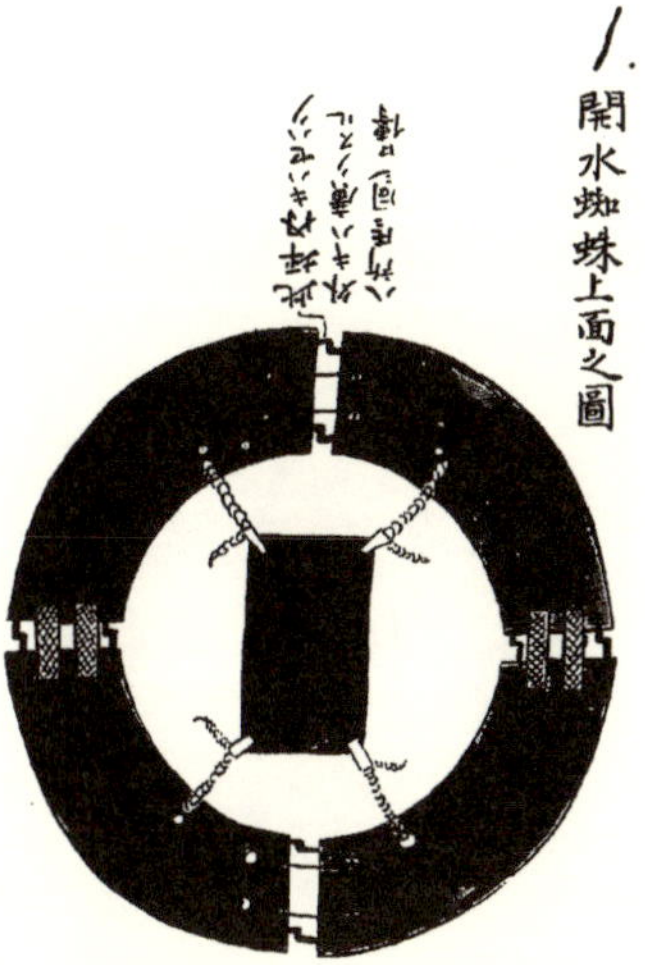

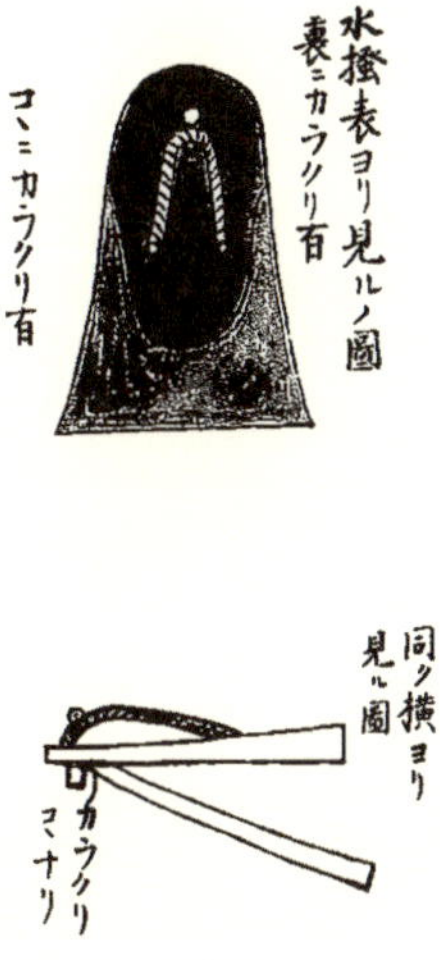

開器《かいき》

【問外《といはずし》】先の針の長さは一寸二、三分。針の先端から二、三分の所に穴をあける。中の長さは六寸で極めて細く作る。手元の板は長さ一寸二、三分、横は五、六分で極めて薄く作り、内側に刃を付ける。その他開器は多種類ある。

【錐《きり》】長さは六寸で三種類ある。錐・小坪錐・大坪錐。坪錐は開器の基本。よく鍛えた鉄で刃を作る。

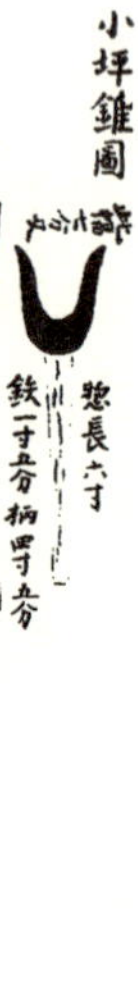

【錏《しころ》】錏は長さ六寸で、そのうち二寸は柄、四寸は鉄の刃。横幅は三、四分あるいは五分。刃は両

刃で、一方は竹を、一方は木を切るためのもの。

火器

『万川集海』をはじめ忍術書には火術に関する記述が多い。のろし、松明、火矢、手榴弾、鉄砲、火を付ける方法等、火および火薬の取り扱いに関する内容は多岐にわたる。例えば松明ひとつとっても、その用途により何種類もの松明の製法が記されている。火を恐れるのは動物的本能であり、使い方一つでさまざまな効果をもたらすことができた。

記録類には忍びが火をつけたことがしばしば記される。『用間加條伝目口義』「火巻」には火術についてまとまって記されるが、その中の「手火矢之事」では、闇夜に忍び込んだ際に手火矢を投げ込んで火を付ける方法が記されている。

闇夜ニ敵ノ屋内ヲ見、又火ヲツケルニ用ユ、小指ノイルヘキ程ノ竹長三四寸ニ切テ、其上ニ玉子ノ如クヨキ松明ノ薬ヲ巻ツケテ、紙ニテハリヲク也、用ル時ハ竹ニテモ木ニテモ一尺斗リニ切、跡先ヲ切ソキニシテ、右ノ筒ヘサシコミテ投入レルナリ、口占、

さらに、『軍法侍用集』巻第六「第七、窃盗火を持つ事」にはさまざまな場面で用いる火について記されている。

しのび火を持つ事肝要なり。野山を宿として敵地にては、人家に近づき、火をもとむる事なりがたし。其上味方を待つ合図などにも、けぶりを立てることあり。されば火を持つ事専なり。
○ちいさき香炉に火をいれ、きんちやくに入れ持つなり。
○杉原の黒焼を、ふのりにてねりかため、火をつけて板にてはさみ持つなり。口伝。
○ほくち合はせ様の事　たばこのくき黒焼五匁　ゑんせう一匁　是を細末して、竹筒に入れ持つべし。火のつく事妙なり。

忍びは小さい香炉に火を入れて、それを巾着に入れて持つようにとしている。火は煮炊きをはじめ、敵陣を燃やすことまでさまざまな場面に用いることができるが、『謀計須知』には興味深い記事がある。

縦ヒ少シ利アリトモ、神社仏閣ハ堅ク禁シテ焼ヘカラス、若神仏寺社ヲ燔クトキハ、身方ノ士卒モ敵ノ万民モ其将ノ不信不智ナルコトヲ知テ、主将ニ懐服スルナキモノナリ、然レトモ焼スシテ叶ハサルトキハ、其僧侶其社人ヲ呼出シ、焼カスシテ成サル道理ヲ能ク言聞セ、追テ望ノ如ク造営シ、旧ニ復スヘキ旨、堅ク約ヲナシテ後ニ燔クヘシ、相手方に火を付けるときは、神社仏閣を焼いてはいけないのだという。もしそうした信仰の場を燃やしてしまったのならば、味方の兵も敵の万民もそうした行為を行う主君に対して不信感を抱き、命令を聞かなくなるからだという。もしどうしても焼かなければならないときは、なぜ焼かなければならないのかその道理をよく言って聞かせ、望むままに元のように造営することを約束してから燃やさなければならないと説いている。

【卯花月夜方《うのはなつきよのほう》】

肥松二十匁　挽茶二匁　鼠糞六匁　硝石百匁　硫黄四十匁　樟脳九匁五分　艾十二匁　麻灰十匁　松脂六匁

右を粉にして麻油で練り竹筒に詰める。筒の上皮を削って非常に薄くし、茶糊で紙を貼り、ホクチで火を付ける。

【龕灯提灯《がんとうちょうちん》】

苧《お》桶《おけ》程の大きさの曲物の底に、鉄で取っ手を付ける。曲物の中には鉄の輪が三つある。端の輪は曲物に付いていて動かない。中の二つの輪はクルクルと廻るようにし、三方で鉄釘で吊って真ん中にくるようにする。ここに蠟燭を吊っておき、中に油を入れて火をともす。曲物の底には空気抜きの穴をあけておく。龕灯をどう傾けても蠟燭は垂直を保ち、火が消えることはない。

【飛火炬《とびひこ》】

これを大国火矢と言う。

硝石二十二匁　硫黄五匁　灰六匁　鼠糞四分　樟脳三分　鉄砂二匁

右を道明寺程にする。長さ四尺二寸、筈の方は九寸、羽の長さ六寸の矢に、長さ六寸の筒を付け、右の薬をこれに強く突き込み、口薬を紙こよりに巻き込んだものを付け、これに火を付ける。敵の屋敷や陣屋などを放火するために使用する。

【抛火矢《ほうりびや》】

夜討の時、敵の集まっている所へ投げ込み、騒ぐところを討つ。炮烙（素焼きの平たく浅い鍋）を利用。導火線を使うなどして点火してから投げた。

また、火術に関して、芥川家文書『甲賀隠術極秘』には、次のような興味深い記事がある。

往昔義家公金沢城責めし時、服部源蔵と云う当流の者幸い小男なるにより、紙凧を大きく作り、夜に入り風烈しき時、源蔵彼の紙凧に乗り火を多く金沢城中に落し入れ、之を火急に焼討せし事あり、只今にては是を秘し、空中より火を降らし候と申唱えさせ置き候事なり、当流にては機に臨みし時は凧を作り、夫れに日の丸の如きものを作り、火をしかけ、空中にて開き、火降り候よういたし、敵へ落し候事あり、

源義家による奥州金沢城（秋田県横手市）責めのときに、大風の吹く中、服部源蔵という小柄な芥川流の人物を紙鳶（凧）に乗せ、上から城中に火を落として焼き討ちしたという。そしてその術が芥川流に伝えられていて、凧に日の丸のようなものを作って火を仕掛け、空中で開いて火を敵城に降らせるのだという。

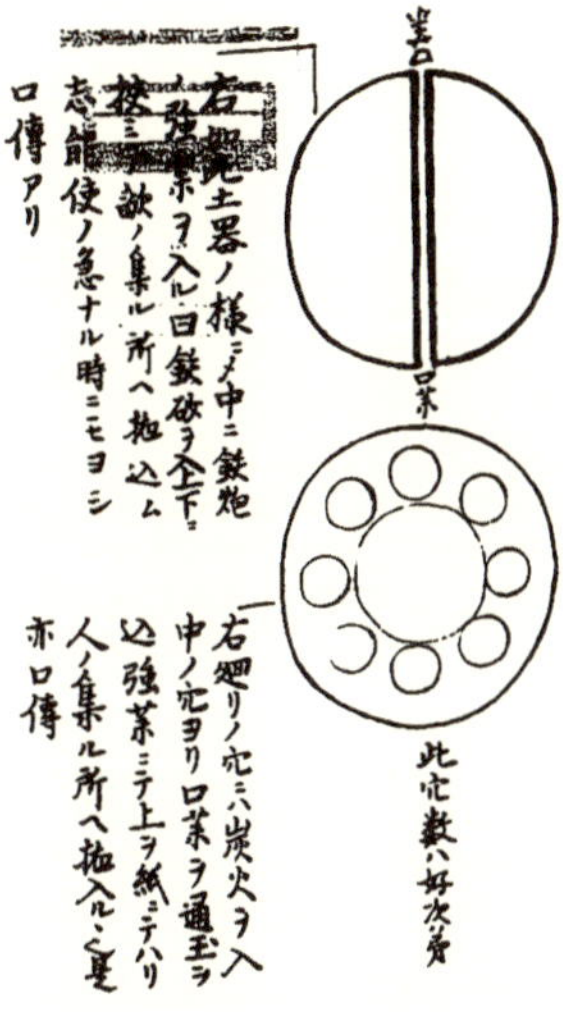

五、情報の伝達

のろし

情報の伝達には、距離によってさまざまな手段が記されており、秘密を守るために暗号化して伝達された。

のろしは『日本書紀』天智称制三年（六六四）に対馬・壱岐島・筑紫国などに防人とともに烽が置かれたことが記されるのをはじめ、瀬戸内の島々に烽火台跡を見出すことができる。そして古代の烽火台は蒙古襲来の時にも用いられた。南北朝時代以降は狼煙と記されるようになり、戦国時代には大名が領国内の伝達手段として用いた。

忍術書には狼煙に関する記述は多い。『用間加條伝目口義』には、のろしについて、地面に穴を掘り、藁に狼の糞と松葉をまぜたものを埋めて火を付け、大竹の節をくりぬいた物を真ん中に立てて煙を上げるようにと、その方法が書かれている。

一、狼煙之事、

狼糞三分一　松葉四分一　ワラ大分

コレハ大体ワラ九匁ナレハ、狼糞ハ三匁、松葉二匁余、如此キワリ也、アケ様ハ穴ヲホリテコレヲウメ、竹サナヲアテ火ヲツケ、大竹ノヨヲヌキテ真中ニタテ、其ヨノナカヨリ煙イツルヤウニナスヘシ、口占、

その他、火や旗、笛、法螺貝を用いて伝達することもあった。また、近い距離で伝えるときの手法として、打烽または手のろしと呼ばれる方法があったことを記している。箱の中から煙を出し、丸、三角、四角の穴をあけ、その形によって内容を伝えるのであった。

一、打燧之事、

手ノロシトモ云、コレハ近キ相図ニ用ユ、細長キ箱ヲツクリ、ソレニ方円三角ノ穴ヲキリヒラキ、何モ蓋アリ、紙ニテハリヲキ、何ハ方何ハ円何ハ三角ト約束シヲキテ其用ユ、其フタヲトレハ、或ハ丸ク、或ハ三角、或ハ四角ニモ火ミヘルナリ、口伝、

五色米

さらには、忍び同士で情報を伝達するのに五色米という方法が用いられた。『軍法侍用集』巻第六「第十三、窃盗に案内頼む事付けたり初心の人同心の事」に以下の記述がある。色にそ

れぞれ意味をもたせておいて情報を伝達し、または帰るときの目印として置いておくこともあった。

心がけふかく、一番乗りなどと望む人は、戦場の案内をしらんとて、窃盗をたのむなり。同心する事大事なるべし。巧者のしのびならではなりがたかるべし。退き口など難儀なるとて、初心の人を跡に残し、敵にとらるゝ事、一生の中のひけなるべし。惣別窃盗入る時は、初心の人を跡に付け、帰るには先立てるなり。尤もいひ合せをよくいたすべし。五色のあひじるしとて、青・黄・赤・白・黒の色を以て、いかようの時は何色を見すべしと約束あるべし。又初心の人、行く道々の山河森林に目付をして、帰る路のためにすべし。

さらに「第十四、窃盗に三のしるしといふ事」には、忍びには名しるし、道しるし、見付しるしの三つのしるしがあるということを記している。

しのびに三のしるしといふは、一つには名しるし、二つには道しるし、三には見付しるしなり。名しるしとは窃盗四・五人もつれだち、或ひは敵などをしたひ、あるひは科人《とがにん》などを尋ぬる時、米を五色に染め、何がしは青米、何がしは黄米を持つなどと約束して、道端にまき候故に我れより先に行く人を知るものなり。道しるしとは、我が行く道をしらせ、或ひは二道ある所などにては、跡の人をまよはせまじきために、竹などを指す事あり。見付しるしとは、走る者などを尋ぬる時、見付たるしるしには、こぬかをまくべしなど丶約束する事なり。いづれも人のふしんなきものを以てしるしとすべきなり。尤もいひ合せ肝要なり。殊更夜などはしるし見えがたきものなる故に、付紙などをする事もあり。月の夜には草むらに白きものをまく事もあり。さりながら是等は昔より定まりたるしるし故に、世にしる人もやあらん。たゞ此心得を以て作為あるべし。

また、草を結ぶことによって情報を伝達することもあった。これらは現在でもボーイスカウトが野外活動を行う際に用いられている。

密書・暗号

文書に秘密の内容を書いて伝達させるために、普通には読めないようにして書くこともあった。『甲賀流武術秘伝』「白文之法」には、大豆を細かく刻んで水に浸し、その汁で紙に書く、または酒で書いて日に干し、読むときは、鍋炭をふりかけたり、炭がないときは水に浸して見ると記されている。『万川集海』巻第五「隠書一箇条」にも、「忍びの隠書は水火灰の当座書きにして、封ぜずして主将より忍者に与う」とあり、水は鉄汁、火は灯芯、灰は大豆汁や唐荏《からえ》の実であるとの記述がある。

逆に、文書の痕跡を残さないために、書いた墨を消す方法についても記されている。『当流奪口忍之巻註』「不殘墨跡薬ノ事」には、「是ハ烏賊ノクロヘト云モノアリ、此一味ニテ書ケハ墨ノアシキニテ書タルヤウ也、後ハ粉ニナリテ落ルモノ也」のように、「烏賊ノクロへ」といったもので紙に書けば、時間が経つとそれは粉になって落ちるのだという。

そして、暗号の手段として、『当流奪口忍之巻註』「いろは一二三之事」には、いろはを数字や仏に置き換えたり、『万川集海』に「忍びいろは」が記されているように、漢字の部首と旁の組み合わせによって、いろは四十八文字をあらわしたり、棒に紙を巻き付けて文章を書き、それを送って普通には読めないようにし、棒に再び巻き付けることによって文章を読めるようにするといった手法もあった。

相詞

また、忍び同士であることを確認するために相詞も用いた。『万川集海』巻第九「合相詞術四箇条」では、山には林、森には里、谷には水、水には波、海には塩、花には実、火には煙、松には緑、畳には縁といった具合で、詞には対語がすべてあるので、普段から熟知しておく必要があるとする。逆に敵が相詞を求めて来たときには、少し疎いように答えるのがよいという。敵が間違いだという顔をしたら、煙は浅間、雪は富士、花は吉野などの心得で答え直せばよく、それは、相詞は変えることが多いからだという。相詞は五日に一度、三日に一度、ときには毎日変えるもののようである。相印を合わす術もあった。

記憶

情報を伝えるためには、自分の目で見、耳で聞いたりして情報を正確に記憶しておく必要があった。そのための記憶術について、『当流奪口忍之巻註』「心覚目録之事」に以下の記事がある。おおげさにして覚えるとか、自分のよく知っているものに置き換えて覚えるということを言っている。これは現代の記憶術にも通じる方法である。

> 言ハ何事ニテモ覚居ント思フ時ハ物ニ預ケ置テ覚ルコト也、此アツケヤウニ習アリ、常ニアリフレタル物ニ預ケテハ忘ル也、何ニテモ替リタルモノニ預ル也、タトヱハ墨ト云コトヲ覚ントナレハ、何ノ何月何日何方ヨリ一丈ハカリナル墨ヲ貰タリト云如ク、大ニ替タルコトニテ覚ル也、イカント云ニ、平世ニテモ明暦二〔三〕年江戸大火事ニテアリシナト、大ニ変ナルコトハ不忘モノ也、又ケ条物ナトヲ覚ルニハ、我知タル家並ニ順ニアツケテ覚ルコト也、切々仕覚サレハ急ニハ覚カタキモノ也、

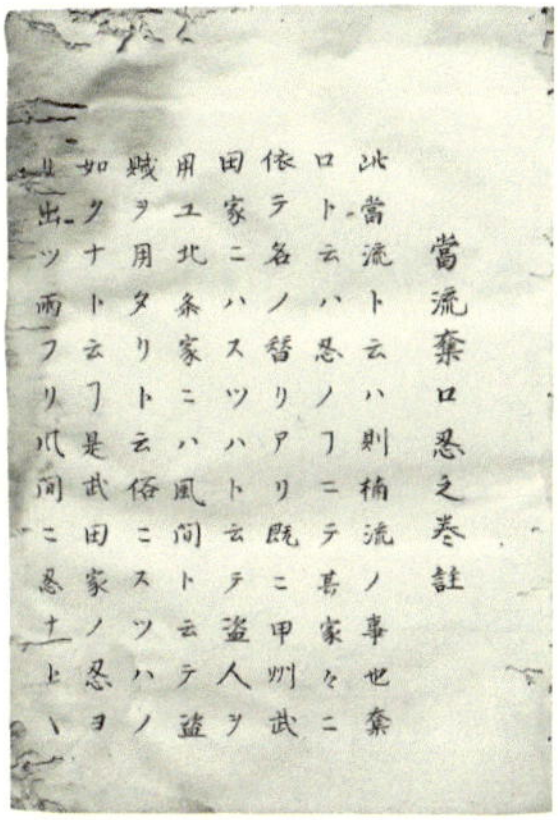
當流奪口忍之巻註
此當流ト云ハ則楠流ノ事也奪
口ト云ハ忍ノ事ニテ其家々ニ
依テ名ノ替リアリ既ニ甲州武
田家ニハスツハト云テ盗人ヲ
用ユ北条家ニハ風間ト云テ盗
賊ヲ用タリト云俗ニスツハノ
如クナト云事是武田家ノ忍ヨ
リ出ツ雨フリ凧間ニ忍十上ヽ

『当流奪口忍之巻註』
（伊賀流忍者博物館蔵）

その他、忍術としては地形や敵の強弱や人数をはかったり、日の吉凶を占い風雨を予見したり、月の出入り、潮の干満、方角、時刻をはかったり、さらには人相を観ることまで行っている。

忍びの大要

『用間加條伝目口義』第三十には「七字之大事」として、以下のように書かれている。

甲賀伝曰、喜怒哀楽愛悪欲、此七ツ彼我トモニアリ、コレニヨリテ計策スヘシ、伊賀伝曰、ワレヲシルヘシ、此七字ノ大事ヲ常ニ思フヘシ、我身ノ勇気材力ノホトヲ知リ、年齢ノ程ヲ考ヘテ事ヲナスヘシ、別シテ天下ノ人に交リヲ厚クスルニハ爰ニ心ヲ用ユヘシ、

忍びで大事なのは、喜怒哀楽愛悪欲の七つが人間にはあり、それは「ワレヲシルヘシ」という七字にも通じ、すなわち自分自身を知ることが大事だということには考えさせられる。

戦国時代には忍術は口頭で伝えられ、技術も伝承されたが、城に忍び込んで情報を得るといった役割が失われていった江戸時代においては、忍術に伴う心がまえや技術といったものが失われていくことになった。そのため、紙に書き記して後世に伝えようとしたのが忍術書であ

る。そこでは、忍びの精神性が強調され、自己を押し殺して耐え忍び、主君に対して忠誠心を尽くすというあり方が明示されて「忍」の字義が説かれ、忍耐の意味が強調されていった。

そして、これらの忍術は江戸時代にはさまざまな武術流派の中で継承され、それにともなって忍術も流派を形成するようになっていった。こうした忍術においては、ある流派では行うがある流派では行わないといった差異が当然存するし、口伝として伝えられるのみで文書としては残されていないというものが多々あることは想像され、そうした世界を明らかにしていくことによって、より実像に迫った忍びの世界を明らかにしていくことができるのではないだろうか。

現在、忍者というとアクロバティックな動きをしたり、とりわけ優れた身体能力を有したのではないかと想像されることが多いが、忍術書に武術関係の記述はほとんど見出せない。それは、身体に関することを図や言葉で表現することが難しいということもあろうが、江戸時代に忍びの職能として、闘うということが求められていなかったからであり、さまざまな武術流派の影響を受けて忍びが武術的側面を有するようになったと考えられる。

第四章　江戸時代の忍び

一、織豊期の伊賀

天正伊賀の乱

織田信長による天下統一に向けての戦いが進む中、天正六年（一五七八）織田信長の次男信《のぶ》雄《かつ》は、伊賀攻撃の足がかりとして滝川雄利《かつとし》に命じて神戸《かんべ》の丸山城の修築を始めた。伊賀惣国一揆はこれに危機感を持ち、丸山城の西に位置する無量寿福寺に集まって丸山城を総攻撃し、雄利らは敗走することとなった。

これに怒った信雄は、翌年九月、信長の許可を得ることなく八〇〇〇の大軍を率いて伊賀を攻撃するも、百田藤兵衛・福喜多将監を総大将とする十二人の評定衆が指揮する一揆勢に撃退され、重臣の柘植三郎左衛門が討たれたことにより信長は信雄を叱責したのであった。これがいわゆる第一次天正伊賀の乱である。伊賀勢が信雄勢を退けることができたのは、日頃から山中で体力・技術を養う一方、惣国一揆を結んで防御態勢を整えていたことが大きい。周囲の山の地形を熟知し、神出鬼没の奇襲を仕掛けたことにより、信雄は退散を余儀なくされた。

天正伊賀の乱について記した『伊賀の国にての巻』「滝野か城の事」（神宮文庫所蔵文書『伊

賀市史』）では、「伊賀の者ハしのひ夜うち上手ニ候へは」のように、伊賀者は敵城に忍び込んで夜討をすることが得意だったと記されている。また、次に示した天正八年八月四日金剛峯寺惣分沙汰所一臈坊書状（犬飼家文書『伊賀市史』）では、伊賀衆が大和国宇智郡坂合部兵部大夫の城に忍び入った際には、水堀を越えて一番に城に侵入し、城内でも比類なき働きをしたことがわかる。

和州宇智郡坂合部兵部大夫城江、夜中ニ伊賀衆忍入候処、南ゟ水堀ヲ越、諸口一番乗、於城中無比類働共、諸人之目渡リ其かくれなき儀、難申尽候事、

こうしたことから、伊賀衆はおそらくは後の忍術書に登場する忍具や技などを駆使して敵城に忍び込み、攪乱や放火などをしたのだろう。天正伊賀の乱の際にも伊賀衆は火術を用いて抵抗したと推測される。

天正九年九月三日、織田信雄は満を持して伊賀攻めに乗り出し、滝川一益・丹羽長秀は甲賀口から、滝川雄利・織田信包は加太口から、堀秀政は信楽口から、織田信雄・筒井順慶は大和口からといったように、四手に分かれて伊賀盆地を取り巻くかたちで四万を超す軍兵で攻め込んだ。これにより伊賀は二週間ほどで制圧され、一揆衆は壊滅した。このとき村や寺院は焼き払われ、数多くの人々が殺害されたとされる。最後に伊賀勢は柏原《かしわら》城に追い込まれ、そこで和

睦を結び城を明け渡した。

このとき、かろうじて伊賀から逃れた人々もいた。岡山藩に忍びとして仕官した萩野市右衛門は自らの出自を語る中で、祖父の守田三之丞が天正伊賀の乱によって伊賀から離れて岡山藩の池田利隆に仕えることとなり、大坂冬の陣では徳川方として大坂城の堀の深浅をはかる瀬踏を行って、城攻めにおいて重要な役割を果たしたという（「先祖並御奉公之品書上」池田家文庫）。

また、信長三男神戸（織田）信孝は四国の領有を望み、天正十年五月七日付で信長から阿波国拝領の朱印状を得るが、そのとき動員された軍勢には、「伊賀衆・甲賀衆七八百、さいか《（雑賀）》衆千許」とあり、反信長一揆だった伊賀惣国一揆・甲賀郡中惣・紀州惣国一揆を逆に従えて四国攻撃に向かおうとしていたことは興味深い。それら勢力がまだ力を持っていて、忠誠を誓わせるために動員をかけたとみなすことができよう。

さらに、宝暦十一年（一七六一）九月の奥書のある国立公文書館内閣文庫所蔵『伊賀者由緒書』には以下のように記されている。

神君江奉告候ハ、伊賀之郷士共信長公之幕下ニ奉附事を不思頼給候ハ、伊賀国を
大君江奉り麾下ニ奉属度事を申上候処、
神君之仰ニ郷士共ハ数代之地也、唯同処ハ信長江服本領を不可離、時節を可待、但我等仕ん
事を思はゝ、追々三州江可参との　上意也、此事を柘植兄弟立帰て此柘植氏兄弟共直ニ三州へ罷越御家共、被召候也、柘植三之丞家筋と申伝候、

仰之趣を申聞候処、郷士挙て思召之、難有事を奉感何も甚落儀仕候、然に信長公是を被及聞召、甚悪之思召急ニ攻入給ふ故、防戦仕候得共、多勢ニ無勢難叶及敗亡数多討死仕候、其外之者共数代之旧地捨、何も他国江立退申候、立退候者之内をも捜出討果給ふ、然ルに三州へ立退候者共ハ

神君御憐憫被為遊被隠置、何れも御家江被　召出候、扨国中不残信長公之御手ニ入、平和ニ及候ニ付、翌十午年ニ至り他国離散仕候者共密ニ国ニ帰り、三州江罷越御歎申上候、何も存罷在候砌、同年六月二日於京都信長公御父子共御生害之砌、

神君伊賀路山越被為　遊候ニ付、罷出御味方仕候、案内可申上旨服部半蔵告知せ候付、郷士共大に悦ひ早速駈付御案内申上、伊勢白子迠御供申上候、

天正伊賀の乱によって伊賀では数多の人々が討ち死にした中、三河の徳川家康のもとに逃れてきた伊賀者もあり、家康はそれを匿ったという。そして、戦後に離散した人々も少しずつ伊賀に戻り始め、家康に窮乏を訴えることもあり、そうこうしているうちに本能寺の変が起こり、家康が伊賀路の山越えをすることになったため、家康配下の服部半蔵が伊賀の人々に声をかけたことにより郷士たちが大層喜んで駆けつけ、伊勢白子《しろこ》まで御供申し上げたという。

この内容をそのまま事実として認めることはできないが、戦乱から逃れて家康を頼ってきた人々もいたことはあったのではないだろうか。伊賀に残る服部氏の過去帳では、三河に遁れて

いて、しばらくして落ちついてから伊賀に戻ってきたことを記すものもある。それでは、次に伊賀者にとって大きなきっかけとなったとされる家康の伊賀越えについて検討する。

神君伊賀・甲賀越え

天正十年(一五八二)六月二日、明智光秀が京都本能寺に宿泊していた織田信長を襲撃して信長が自害して果てるという本能寺の変が起きると、堺にいた徳川家康は自らにも危害が及ぶであろうと推測し、急ぎ本拠地である岡崎に帰ろうとした。その際、東海道を通ったのではすぐに見つかってしまうため、あえて歩行困難な山中を越えていこうと、伊賀・甲賀の山中を通るルートを選んだのだった。いわゆる神君伊賀・甲賀越えである。

このときのことについて、『寛政重修諸家譜』でも『伊賀者由緒書』などをうけて、服部半蔵正成が家康に付き従い、さらには伊賀者に命じて守護させたことを記す。

> 十年六月和泉の堺より伊賀路を渡御の時従ひたてまつり、伊賀は正成が本国たるにより、仰をうけたまはりて郷導したてまつる。

ところが、『徳川実紀』では家康とともに服部半蔵正成がいたことは記さない。

その後伊賀の者猶織田家の命に従はざれば。右府大にいかられ悉く誅伐せらる、により。みな山林に遁隠て時節を伺ふ所に此度の事起りしかば。清広をのが一族伝兵衛甚八郎宗吉。山口勘助。山中覚兵衛。米地半助。其外甲賀の美濃部菅三郎茂濃。和田八郎定教。武島大炊茂秀等を勧め。みな人質出して郷導し。鹿伏兎越の険難をへて伊勢まで御供す。後年関原の役に伊賀のもの二十人すぐり出し。御本陣に参りて警衛し奉る。この折伊勢路まで御供せし輩は。後々召出されて直参となり。鹿伏兎越まで供奉し半途より帰国せし二百人のものどもは。服部半蔵正成に属せられ。伊賀同心とて諸隊に配せられしなり。またこの年六月尾州にて召出されしは。専ら御陣中の間諜を勤め。後に後閤の番衛を奉る事となれり。いまも後閤に附属する伊賀ものゝ先祖はこれなり。また甲賀のものも武島。美濃部。伴などいふやからは直参となり。その以下は諸隊に配せられて。与力同心となされしもありしなり。

和泉堺にいた家康は、本能寺の変で信長が亡くなったことを知り、わずかな部下と領国三河へ引き返すために河内・山城の間道を伝い近江信楽《しがらき》から伊賀路へ出て、そこからは前年の恩返しに参集した柘植村の地侍たちの護衛と道案内で鹿伏兎《かぶと》の険を越え、六日伊勢白子へ着き、海路三河へ無事帰ることができた。家康はこのときの厚意にこたえて、伊勢路まで供をした者はのち直参に取り立て、途中鹿伏兎越えまでで引き返した者二〇〇人は、十七日尾張鳴海《なるみ》で召し出し同心に取り立て、服部半蔵に付属させて伊賀同心として江戸城の警備にあたらせ、甲賀者も直参・与力・同心として江戸城下に住まわせることになったという。

『徳川実紀』の記述は『伊賀者由緒書』などをもとにまとめられており、どこまで信頼できるか疑問なところもあるが、『徳川実紀』においても家康の伊賀・甲賀越えのときに服部半蔵が大活躍したとは書かれていないことに注意しておきたい。

そして、同時代的史料をもとに考察すると、違った様子が浮かび上がってくる。『当代記』『慶長見聞記』『続集懐録』『石川忠総留書』といった史料によれば、家康を供奉したのは宮田新之丞、米地九左衛門、柘植平弥などわずかである。もし多数の者に守られたとしたならば、家康が生涯の危難にあげることはないであろう。実際には家康は甲賀の多羅尾氏の手助けによって山中を越えることができたようである。

家康一行がどのルートを通って三河まで戻ったのかという点については、さまざまなことが言われている。最も信頼性の高いと考えられる、家康の重臣石川数正の一族石川忠総が記した『石川忠総留書』では、そのルートについて以下のように記している。

六月二日堺→平野→阿部→「山ノ子キ」→穂谷→専念寺→草地→宇治田原、三日宇治田原→山田→朝宮→小川、四日小川→向山→丸柱→石川→河合→柘植→鹿伏兎→関→亀山→庄野→石薬師→四日市→那古、同日大浜着

しかし、これを記した石川忠総は本能寺の変があった天正十年の生まれであり、伝聞により記しているにすぎない。また、『統集懐録』という十七世紀後半に藤堂藩伊賀領の加判奉行石田三郎左衛門が記した記録には以下のように記されている。

権観〔現〕様堺ヨリ東へ御下向ノ時、山城ヲ御通リ被成、江州信楽ノ神山ヨリ伊賀ノ国丸柱村へ御越ノ時、宮田と申者ヲ御尋被成候付、宮田新丞罷出候へハ、御腰かけ被成昼之御膳ヲ上ケ申候、扨川合村通リ柘植迄宮田御供仕罷帰申時、山川と申御馬拝領仕候、其より柘植ノ米地と申侍伊勢加太境迄御供仕申候、其後右弐人ノ（者脱カ）共被召出、御ふち申付候事、

伊賀側の史料でも、伊賀で家康を守護したのは、宮田新丞や柘植の米地の二人だけであり、この二人に扶持が与えられたとする。

『慶長見聞集』でも服部半蔵は出てこず、伊賀者二百人は、江戸幕府成立以降に仕官を希望して江戸へやってきた人々であって、伊賀越えの時に加太まで送ってほしいと家康が頼んだにもかかわらず拒否して帰ってしまい、それに対して家康は「左程忠節に不思召候」と思っていた。彼らが江戸にやってきたので山の手に屋敷を与えて歩行同心として半蔵支配下に置いたものの、「石見殿は伊賀にて我等が先祖よりは下の服部也」のように、伊賀者は半蔵の配下とされたこ

とに不満を抱いていたようである。

服部半蔵正成

服部半蔵正成（一五四二―九六）とはいかなる人物だったのだろうか。父保長は伊賀国阿拝《あへ》郡服部郷出身で、初め将軍足利義晴に仕えたが、のち三河国に移住し、家康に仕えた人物である。保長については詳しくわからないが、活躍の場を外に求め、忍びの術をもって仕えたのだろう。

半蔵正成は保長の五男として三河に生まれ、十六歳のとき三河の宇土城の夜討ちに初陣し、伊賀の忍びの者六十―七十人を率いて城内に潜入し、武功をたて家康から持槍を拝領したとされるが（『寛政重修諸家譜』）、史実としては疑わしい。保長のときに「半三（はじめ半三郎）」を名乗り、正成が継いで「半三」あるいは「半蔵」と名乗ったが、服部半蔵の名は幕末まで桑名において継承された。正成は姉川の戦い、三方ヶ原の戦いなどで活躍し、家康の信頼を得、織田信長による天正伊賀の乱以降、多くの者が半蔵の配下に入った。こうした活動は武将としての武功であり、正成が忍びであったことを示す史料はない。

天正十八年（一五九〇）八月一日家康が江戸に入府して家臣団を再編成すると、半蔵は知行八〇〇〇石、与力三〇騎、伊賀同心二〇〇人を配下に置く旗本となり、江戸城麴町口門（半蔵門）外に組屋敷を拝領した。慶長元年（一五九六）十一月四日に没すると、正成が生前に家康の子で自刃した信康の菩提を弔うために創建した安養院を継承する江戸麴町清水谷の西念寺に葬られ、同寺に五輪塔が存する。

『伊賀者由緒書』などによると、神君伊賀越えの後、天正十年六月十五日に尾張国鳴海で伊賀者が召し出され、これらの者が以降の家康の戦いに加わり、大きな役割を果たしたことが記されている。果たして実際に鳴海で召し抱えられたのか、疑問も残る。このとき家康は、織田信長を亡き者にした明智光秀を討つために岡崎を出立し鳴海に着いていた。

伊賀之者天正十午年六月十五日、尾州鳴海におゐて被召出候共を忍之者伊賀之者と申候、此者共御入国之後年寄候者御奥御屋敷御番被仰付、年若成者共ハ無役ニテ忍之儀御用相勤申候、子孫今以無役ニテ罷在明　御殿又者御用明屋敷等有之節、御番相勤申候、

これらの伊賀者が江戸城大奥の御屋敷番を仰せつけられ、若い者は忍びとして働き、その子孫は明御殿または明屋敷等があるときはその番を勤めているという。由緒に関する真偽はともかく、江戸の伊賀者がかつては忍びとしてつとめを果たしていたという伝承を持ち続けていたことが注目される。

その後、服部半蔵正成の後を継いだ長男正就が配下の伊賀同心を自らの家来であるかのように扱ったことに伊賀同心は反発した。慶長十年（一六〇五）十二月、四谷の笹寺に籠って正就

の解任と与力への昇格を要求する騒ぎが起こり、正就は役を解かれた。そして、それを継いだ弟の正重は慶長十八年（一六一三）四月の大久保長安事件に関連して浪人となり、兄嫁の実家久松松平家の松平定綱に召し抱えられて桑名藩の家老となったこと、さらには元和二年（一六一六）に家康が死去したことにより、伊賀同心たちは自分たちの拠って立つ根拠が希薄になった。そのとき、家康にとって生涯第一の艱難《かんなん》とされた「伊賀越」とそれを守護したとする服部半蔵正成の伝説が作られ、『伊賀者由緒書』などで語られて「伊賀越」に二百人の伊賀者が尽力したことを示すことによって、引き続き伊賀同心として仕官を認めることを求めたのではないだろうか。

伊賀者の活躍

『伊賀者由緒書』『伊賀路濃知邊《いがじのしるべ》』などには伊賀者が参加した戦いについて記されており、以下にその概要をまとめる。

①天正一〇年（一五八二）八月　**甲斐谷村城・岩殿城**　服部半蔵ニ被仰付伊賀之者共在陣

②　〃　九月　**甲斐江草城**　服部半蔵被仰付伊賀之者忍入案内見立、味方を手引

③　〃　**伊豆佐野小屋**

④天正十二年（一五八四）三月　**伊勢松ヶ島城**　三州より服部半蔵伊賀之者共其外鉄炮之足軽共被差遣候

⑤〃　**小牧・長久手の戦い**　伊賀之者共大勢被仰付、陣所ニ忍入、其外陣所近辺忍罷在、敵中之様子味方江可通之旨被仰付

⑥〃　六月　**尾張蟹江城**　相図之火を揚御注進申上候、伊賀之者共大勢駈来て船中之敵方攻合

⑦天正十三年（一五八五）閏八月　**第一次上田合戦**　甲州千塚と申所ニ陣取罷在候

⑧天正十八年（一五九〇）七月　**小田原城**　小田原御陣之御供

⑨天正十九年（一五九一）九月　**奥州仕置**　奥州御陣之御供仕候

⑩文禄元年（一五九二）　**高麗陣**　高麗御陣之節御供仕候

⑪慶長五年（一六〇〇）　**白河小峰城**　伊賀之者之内三人被仰付、白川之城案内見立ニ罷越申候

⑫慶長十九年（一六一四）・元和元年（一六一五）　**大坂冬の陣・夏の陣**　御密事を以大坂城中又は敵中諸手ニ被在之外、国々江被罷越御密事御用相勤候、

例えば、この中で慶長五年の白河小峰城における伊賀者の活躍について『伊賀者由緒書』の記述を見てみる。

慶長五辰年関ヶ原御陣之節、上杉景勝御押として宇都宮ニ結城中納言様被成御座候節、岡部内膳・皆川山城守・服部半蔵等罷在候、其砌敵地白川之城案内見立ニ奈須所之者共度々被遣候得共、壱人も帰不申候所、伊賀之者之内三人被仰付、白川之城案内見立ニ罷越申候時、彼二人之者共案内具ニ見立帰申候、最初罷越候奈須之者ハ白川之城大手口ニはたもの上り罷在候をも、彼等三人見申候て罷帰候、則三人之者共案内いたし攻入候ハヽ、白川之城即時乗取可申由、結城様江服部半蔵申上候得者、無残所働ニ候得共、上方御勝利ニ成候はす候得者、白川之城取候ても其甲斐なく、上方　御取合之様子ニより候はんと御意被成候間、差置申候、此趣者岡部内膳・皆川山城守・奈須之者共具ニ存候事、

会津の上杉景勝を征伐するため、家康は奥州へ発向したが、下野小山で鳥居元忠の急使により三成らの挙兵を知り、小山評定を開いて家康は反転西上して三成らの討伐に向かい、結城秀康に上杉軍の牽制をさせた。そのとき、岡部長盛、皆川広照、服部正成の長男正就は上杉景勝のいる白河城の様子を探るため、那須の者を遣わしたが、一人も戻ってこなかった。そこで、伊賀者から三人選ばれて派遣され、彼らは白河城の大手口で磔にされていた那須の者を確認の上、城内の様子を調査して黒羽城に帰って詳細な報告を行い、彼らが案内して攻めれば白河城をすぐに乗っ取ることができる旨を申し上げた。しかし、関ヶ原で勝利できなければ白河城を

乗っ取っても意味がないとして、差し置かれることとなった。国立公文書館内閣文庫所蔵『伊賀者由緒並御陣御供書付』によれば、その三人は増山廉之助・満岡伊左衛門・田原清次郎とされる。

この記事と関連して、『徳川諸家系譜』第四の越前松平家津山乾に収録される結城秀康の事蹟「浄光公年譜」に以下のように記される。

白川筋黒羽ノ城ニ籠置レシ岡部長盛・服部正成ハ、敵城ノ見分トシテ那須ノ者ヲ遣ス事度々ナレトモ、竟ニ帰リ報スルモノナシ、仍テ半蔵支配ノ伊賀ノ者ヲ択テ三人遣ハシケレハ、城中ノ容体委シク閲シテ馳返リ、其ノ広狭険易、兵ノ多寡、器械・玉薬ノ数迄モ手ニ取如クニ演説シ、此城ヲ攻落サン事容易ナルヘキ由ヲ報シ、先頃遣ス処ノ那須ノ者ハ、城ノ大手ニ磔ニ掛テアリシト云フ、

那須の者にはできなかった城の探索について、伊賀者は白河城に潜入し、内部構造やどこが攻めやすいのか、兵力や武器・弾薬の数に至るまで詳しく報告していることは、忍びの面目躍如といったところだろう。

また林述斎監修の江戸幕府官撰歴史書『朝野旧聞裒藁《ほうこう》』によれば、黒羽城には服部正就の従兄弟服部保英が北城（二の丸）の加勢として入城したことを記すが、保英は伊賀衆百人を率い

ており（『寛政重修諸家譜』）、岡部長盛は甲賀衆百人を支配して黒羽城に入った（『浄光公年譜』）。伊賀者は甲賀者とともに家康の配下で忍びとしての活動をしながら諸合戦で活躍していたのである。

二、江戸暮らしの伊賀者・甲賀者

伊賀者・甲賀者の居住と給地

天正十八年（一五九〇）八月一日、徳川家康が秀吉の命により「江戸」入府すると、伊賀者は服部半蔵正成・服部仲保正のもと江戸城西側の麹町に屋敷を拝領し、江戸城の御書院付近での番を命じられた。そして、寛永《かんえい》十二年（一六三五）になると江戸城の堀の拡張のため、四谷に移転することとなった。

服部半蔵が江戸城麹町口門外に組屋敷を拝領したことによりその門が半蔵門と通称されるようになり、伊賀者が住んだ地には、四谷北伊賀町・南伊賀町という地名がつけられた。

右地方之内、武州新座郡上白子村被下置之儀、往古伊賀路山越御案内申上、勢州白子迠御見送申上候節之御由緒御好身を以被　召出候儀、子孫おゐて忘却不仕為難有　思召を以、此弐ヶ村下置候由古来ゟ申伝候事、伊賀之者拝領屋敷之様於往古御入国之砌、御城西御裏御要害として、服部半蔵同仲被差置、右屋敷左右南北伊賀町と唱、伊賀之者共被差置之処、御内郭出来ニ付半蔵屋敷ハ半蔵御門相成、北伊賀町之儀者四ッ谷御門相成、右御門外左右ニ御引移被下置、四谷南北伊賀町と唱、伊賀之者子孫今以住居仕候、（『伊賀者由緒書』）

江戸に移住した伊賀者は給地を賜った。それが、以下の場所である。港区から渋谷区にかけてはかつては木が生い茂る昼でも暗い場所であり、そうした場所の開墾を行っていったのが伊賀者であった。

一木《ひとつぎ》村（港区赤坂）
穏田《おんでん》村（渋谷区神宮前）
原宿村（渋谷区神宮前）
上白子村（新座郡、練馬区大泉町）
下白子村（新座郡、和光市白子）
橋戸村（新座郡、練馬区大泉町）
佐須村（多摩郡、調布市佐須町）

小足立村（多摩郡、狛江市）
仙川村（多摩郡、三鷹市新川）

渋谷の穏田神社は江戸時代は日蓮宗の寺で第六天社と称し、伊賀者の氏神だったとされる。また、練馬区高松の高松御嶽神社には宝永《ほうえい》三年（一七〇六）に服部半蔵が寄進した旨の銘のある石造の仁王像があり、同じく練馬区氷川台の氷川神社には伊賀衆が奉納した水盤と鳥居が現存している。鳥居には嘉永二年（一八四九）二月七日に伊賀衆一〇八名が社殿を修造した旨が記されている。そして、伊賀者の職務は以下のようであった。

広敷伊賀者：大奥御広敷の勤番。
明屋敷番伊賀者：明屋敷（人の住んでいない大名屋敷）の勤番。
西丸山里伊賀者：西丸山里門（西丸の吹上庭園の山里の御門）の勤番。
小普請方伊賀者：普請場の巡視や職工の勤怠を観察。
百人組伊賀組：江戸城大手三之門警備

元和四年（一六一八）九月、江戸城にはじめて大奥御広敷ができ、伊賀者の年寄十二人が「御広敷伊賀者」として番を命ぜられた。年若の者は無役で間諜の御用を勤めてきたが、明御殿・御用明屋敷などがある場合はその番を命ぜられ、「御用明屋敷番伊賀者」と呼ばれた。元禄二年（一六八九）には普請場を巡視し職工の勤怠を監察する「小普請方伊賀者」に、また始置年は不明であるが、西ノ丸非常口の山里門を番衛する「山里伊賀者」にも勤仕した。

伊賀者は寛永元年（一六二四）ころまでは間諜や隠密を行っていたとされるが、それ以降は幕府職制が制度化されるに伴い、警備を主任務とする職になったとされる。それに代わって幕府の公的な隠密集団となったのが、目付配下の徒《かち》目付や小人《こびと》目付で、旗本・御家人の行状を観察したほか、変事の際の立ち会い、探偵、牢屋敷の見回り、目付の遠国出張の随伴などを行った。しかし、伊賀者の隠密としての仕事は続いていたようで、井上直哉は「伊賀者惣人数御取調」の記述から、享保十一年（一七二六）に伊賀者七名が勘定奉行から隠密御用を命じられていたことを指摘している。

一方、甲賀者は関ヶ原の戦が起きると百余名の者が伏見城へ駆けつけ、うち七〇余名が戦死した。戦後これらの縁故者は甲賀組として山岡景友に預けられて甲賀百人組を編成させ、江戸城の大手三門（大手門・内桜田門・西丸大手門）の警固にあたらせた。また、甲賀百人組の与力の仲介で、鉄砲隊として甲賀に在村したまま和泉岸和田藩岡部家に仕えた甲賀者五十人、尾張藩に甲賀在村のまま仕えた甲賀者五人、帰農して百姓となり甲賀古士を称した者たちがあった。この甲賀古士たちは経済的困窮から、幕府への奉公を求めて幕府に訴願を繰り返し、寛政元年（一七八九）の訴願では惣代の上野八左衛門・大原数馬が自らの由緒や書状、『万川集海』も提出したが、銀を頂戴しただけにとどまり、仕官することはかなわなかった。

伊賀者・甲賀者が忍びとして雇われ、江戸城の警備を行うことになったため、その名は日本国中に広がり、『軍法侍用集』に記されるような、伊賀者・甲賀者がなくては大名がなりたたないといった認識が確立したのであろう。

百人組

伊賀・甲賀の名称は、百人組にも残されている。百人組は鉄砲組として組織され、日常は江戸城正門の大手門を入ったところにある百人番所に交代で詰めて警備にあたり、将軍が寛永寺や増上寺に参拝する際はその警衛を務めた。徳川家の菩提寺である上野寛永寺、芝増上寺、日光東照宮への参詣、京都御所参上の折には隊列を整えて将軍警護を行った。百人組創設当初は老中の直轄支配だったが、のちに旗本へ統合され若年寄が指揮した。百人組は四組から組織されており、それぞれの概要は次の通りである。

根来組　頭一名　与力二〇騎　同心一〇〇人。市谷加賀屋敷、牛込原町。天正十三年（一五八五）八月二十二日浜松で召出されたことに始まり、寛永三年（一六二六）残りの根来衆が召出され、同一〇年に与力二十騎が加えられる。

甲賀組　頭一名　与力二〇騎　同心一〇〇人。青山甲賀町、大久保十騎町。慶長二年

（一五九七）伏見で召出され、与力十騎と同心十人とで組織され、寛永九年（一六三二）はじめて江戸に出て内桜田の門番をつとめた。同一〇年に蓮池門前、同十四年に近江水口御殿番をつとめ、正保《しょうほう》元年（一六四四）再び江戸へ下り、大手三之門番。

伊賀組　頭一名　与力二〇騎　同心一〇〇人。青山百人町、一部が御用地となったため七八人分が目白台へ。慶長六年（一六〇一）設置。寛永十年二月十二日に与力二〇騎と同心一〇〇人とで組織。

二十五騎組　頭一名　与力二五騎　同心一〇〇人　四谷内藤新宿二十五騎町、久能町、一部召し上げられ、九騎分が角筈村へ。同心と与力三騎は大久保百人町へ。慶長六年（一六〇一）設置。寛永九年六月二十一日に馬上同心（のちの与力）二十五騎と鉄炮同心一〇〇人とで組織。

百人番所では甲賀組・根来組・伊賀組・二十五騎組の四組が昼夜交代で護りを固めた。甲賀組は子・辰・申の日、根来組は丑・巳・酉の日、伊賀組は午・戌・寅の日、二十五騎組は卯・亥・未の日が当番だった。

甲賀組は山岡景友のちに景以《かげもち》が組頭を務めた。甲賀組の与力十騎、同心百人が拝領した組屋敷は青山甲賀百人組大縄地として青山甲賀町にあり、現在の神宮外苑から神宮球場にかけての

百人番所

地である。またそれに隣接して鉄砲場もあった。残り十騎は四谷大久保十騎町（番衆町）に賜った。

甲賀組は青山に氏神として甲賀稲荷神社を建立したが、明治十八年（一八八五）に青山練兵場設置のために千駄ヶ谷の鳩森八幡神社に遷座、合祀された。現在鳩森神社境内末社として甲賀稲荷社が鎮座しているが、矢嶋武二『鳩森八幡略縁起』によると、昭和十三年（一九三八）神前に安置した随身像二躯のうち、向かって左方の神像を修復した際、胎内から「御修復記」ならびに「奉納甲賀百人姓名書」が発見され、弘《こう》化《か》四年（一八四七）九月に神像を修復して拝殿を新規に建立し、設えを整えた際に甲賀組中が関わったことが記されている。また、別当寺瑞円寺の月山和尚による『年中行事』手記にも、甲賀組が八幡宮に米と金を寄進したことが記されている。

伊賀組は青山忠成が老中と兼任するかたちで頭を務めた。伊賀組は青山に大縄地を賜った。現在の青山三・四・五丁目のあたりである。しかし、一部は御用地となったため目白台に屋敷地を与えられた。

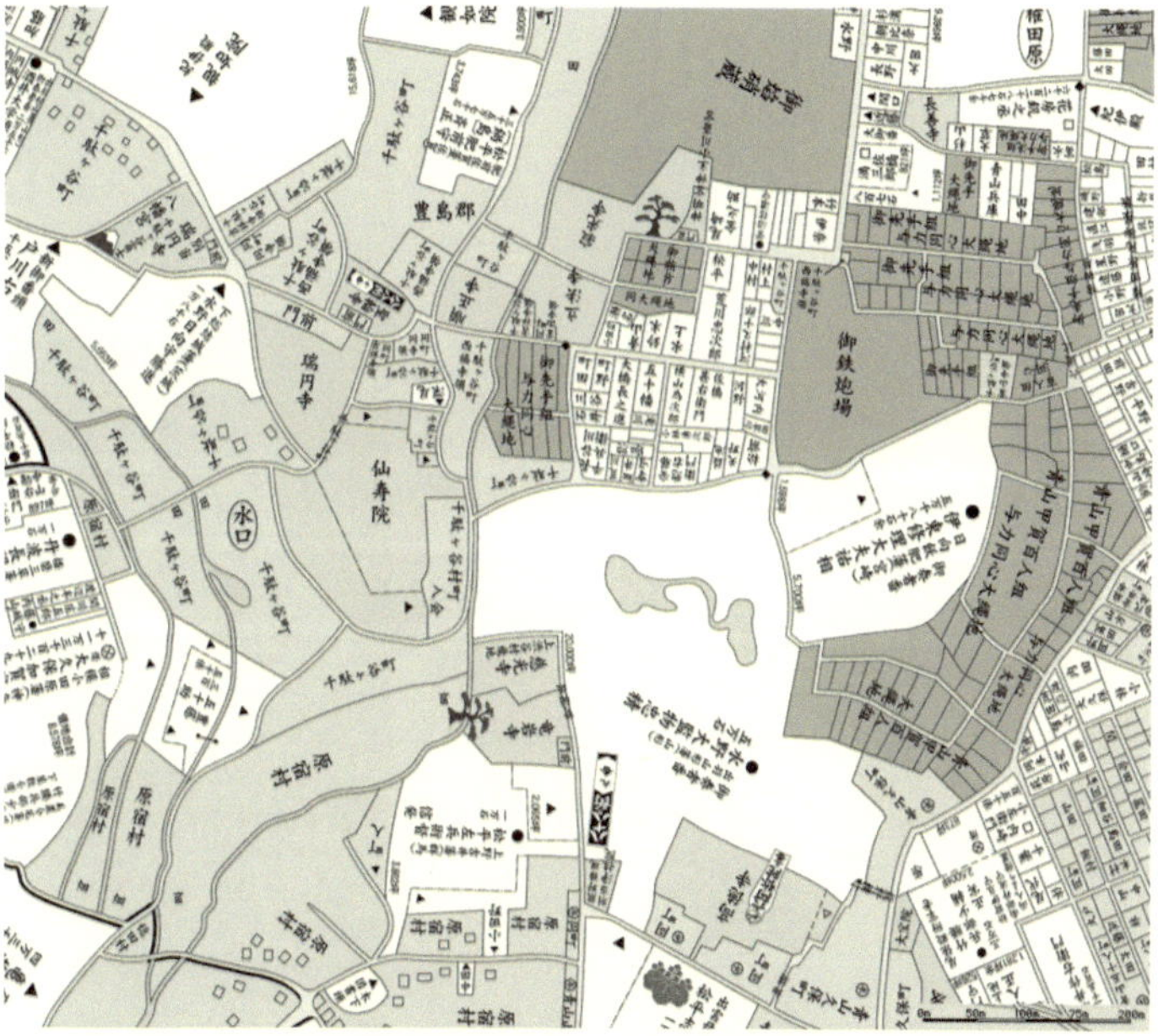

青山甲賀百人組与力同心大縄地・原宿村
（『江戸明治東京重ね地図』安政３年実測復元地図）

島原の乱

戦争において忍びが実際に活躍した最後の戦いとして、島原の乱における甲賀者の活動が知られている。『鵜飼勝山実記』や「甲賀衆肥前切支丹一揆軍役由緒書案」（山中文書）によれば、望月与右衛門、芥川七郎兵衛、山中十太夫、伴五兵衛、夏見角助、岩根勘兵衛、芥川清右衛門、鵜飼勘右衛門、岩根勘左衛門、望月兵太夫の十人の活動が記されている。寛永十五年（一六三八）一月六日、松平信綱は甲賀者に対し、敵城の塀際までの距離、沼の深さ、塀の高さ、矢狭間《やざま》の形について調べ、絵図に記して提出するよう命じた。早速その夜に五人の者が敵城の塀下へ忍び寄ったところ、城中から松明を投げるなどして用心していたため、塀際の味方の死骸に紛れて隠れ、夜城中が静かになった時分に、二の丸出城までの距離、沼の深さ、道の良し悪し、塀の高さ、矢狭間の形状を調べ、忍び込んだ証拠として出城の角に堅木を差し込んで戻ってきた。

また、二十一日には敵城へと忍び入り、遥かに遠い海側の塀際に保管されていた兵糧を十三俵盗んだり、城中で毎夜何事か唱えているので、何を唱えているのか矢狭間から密かに聞いたりした。

さらにおもしろいことに、失敗した様も記されている。二十七日夜には五名で忍び込んだが、望月与右衛門が落とし穴に落ちたため、敵が忍びよ夜討かと騒ぎ出した。芥川七郎兵衛が何とか引きあげて逃げ、塀に飛び乗ったところ、二人は石でさんざん打ち落とされ、半死半生となったが、残りの三人の者が肩に引っかけ、何とかもどってきたという。

このことについて、寛永十五年正月七日「鈴木三郎九郎より大坂衆へ」(『島原日記』)の以下の記述は興味深い。

堀之かけ様、高サ九尺あまり、内ニハ竹をあて、其次ニ土俵ニ而五尺計つきたて、はしりあかり候様ニ土手のことくニ仕、武者はしりをいたし、いかにもあつく仕、塀之覆ハ無御

座候由申候、甲賀忍之者、塀際まで夜忍ニ参、矢さまあとさくり見申候、いかにも丈夫成体ニ申候、

そして、城内の状況や天草四郎のことについて報告しており、甲賀者が忍びとして城内に侵入し、貴重な情報を伝えたことは事実としてよい。島原の乱後は、江戸時代には武力を伴った戦いが起きなかったため、戦いにおいて忍びが諜報活動をすることはなくなった。そのため、忍びは大名の護衛や、城内の監視といった職務が中心となった。そして、ときに探索の命が下ると地方にまで探索に行くこともあった。

御庭番

幕府による隠密活動は、当初は伊賀者・甲賀者が行っていたが、次第に目付配下の徒目付や小人目付が行うようになり、さらには享保元年（一七一六）吉宗が八代将軍となると御庭番を設置して隠密活動を行わせた。御庭番は老中以下の行政機関から独立した将軍独自の情報収集機関で、紀州において隠密御用を勤めていた薬込役を幕臣団に編入し、「御庭番家筋」として代々隠密御用に従事させた。当初は、広敷伊賀者・伊賀御庭番と呼ばれており、天守台下にある御庭御番所の宿直《とのい》を行うほか、隠密などを勤めた。そして、御庭番の内密御用には、江戸近郊の探索を行う「江戸地廻り御用」と「遠国御用」があった。

例えば、「天明《てんめい》七年（一七八七）五月の江戸打ち壊しに関する風文書」（『よしの冊子』）では、田沼意次と松平定信の政争の中、町奉行の曲淵《まがりぶち》甲斐守景漸《かげつぐ》の怠惰と町民への暴言を詳細に探索し、意次を罷免に追い込み、定信の老中就任を実現させたことが明らかにされている。

また、幕末に御庭番を勤めた川村帰元《きげん》は『旧事諮問録《きゅうじしもんろく》』の中で、伊賀者と御庭番とはどのような違いがあるのかという問いに対し、有徳院《うとくいん》殿（徳川吉宗）の御趣意で御広敷に入るためにまず伊賀者にされ、その後で御広敷に入る身分にされたのだろうとし、さらに、身分がなかったので、伊賀者の扱いで新しく御庭締戸番として御広敷に入れたのだろうと答えている。伊賀者とはすでに伊賀出身であるかどうかは関係なく、身分の一つとなっていたのである。川村は桜田門外の変後に薩摩国への探索に趣くなど、御庭番の隠密としての活動は幕末まで機能していた。

三、各地の忍び

上野城下の忍び

伊賀の上野《うえの》城は天正十三年（一五八五）八月、大坂城の守りとするため、豊臣秀吉に命じられて伊賀に転封《てんぽう》された筒井定次によって、文禄年間（一五九二〜九六）に築城が行われた。東南角に三層の天守、本丸西に二の丸、北の山下に三の丸を配置し、南と西の旧集落に城下町が形成された。

徳川家康によって天下統一がなされると、慶長十三年（一六〇八）八月二十五日、家康は信頼を寄せていた藤堂高虎を伊賀一国一〇万石、伊勢の内一〇万石、伊予の内二万石で移封した。そして、築城の名手である高虎によって慶長十六年（一六一一）正月から上野城の大改築がなされ、このときに城の性格も大きく変化し、大坂城を守るための城から大坂城を攻撃するための城となり、城の西側には高さ三〇ｍほどの日本一、二とされる石垣も築かれた。

築城とともに城下町の整備も行われた。城の南側に外堀を通し、主にその南に城下町が形成された。通りに沿って、東西に本町通り、二之町通り、三之町通りの三筋町、南北に東之竪町、中之竪町、西之竪町が形成された。城下町の南には鉄砲者の屋敷が、南東には寺院が配置され、外堀の南の町屋の南側に武家屋敷が並び、その一角に忍びの居住地が設けられた。城下町に忍びの住む地区が設定されるのは上野独特なわけではなく、桑名や彦根をはじめ各地で見られ、忍びは藩主が参勤交代を行うときの身辺警護や探索、さらには城下の治安維持のための任務をこなした。

『公室年譜略』慶長十九年（一六一四）の項には、

伊州ニ代々居住スル郷士ニ忍ヒ間諜ノ妙術ヲ得タル者多シ、是ヲ十人撰ミ出シ、貝野孫兵衛・山本喜太郎・木津伊兵衛・服部七右衛門・井岡瀬之助・早田仁左衛門・曾我五郎兵衛・板崎喜兵衛・松尾五郎左衛門・壱人名不知、右十人各割小屋敷ヲ伊州上野城外ニ於テ賜フ、今ノ忍町是也、

と記されている。戦国時代以来、伊賀各地に居住していた土豪衆の中から、忍びの術に優れていた者を選んで上野城下に住まわせたのであった。彼らは参勤交代の際には藩主の身辺警護を行ったほか、寛政《かんせい》八年（一七九六）に伊勢国一志郡山田野村（津市白山町）で百姓一揆が起こったときには隠密捜査を行ってその内容を報告している。

寛永七年（一六三〇）の分限帳には忍びの者十名が記され、正保二年（一六四五）からは「忍び衆」を改めて「いが衆」または「いか者」と呼ぶようになり、城下の監視も行うようになっていった。そして十人は江戸詰となった。

藤堂藩城代家老日誌である『永保記事略』寛保《かんぽう》元年（一七四一）六月四日条には、「伊賀者火薬稽古料被下候事」として、「御国ニ罷有候年迄自今百銀弐枚ツ、被下候之間、火術鍛練致候様被　仰出之」とあるように、伊賀者は忍術の鍛練を怠らず、火術の鍛練のために藩から「稽古料」をもらっていた。

他方、伊賀には無足人という制度がある。無足人とは無禄であって扶持を給されないが、有

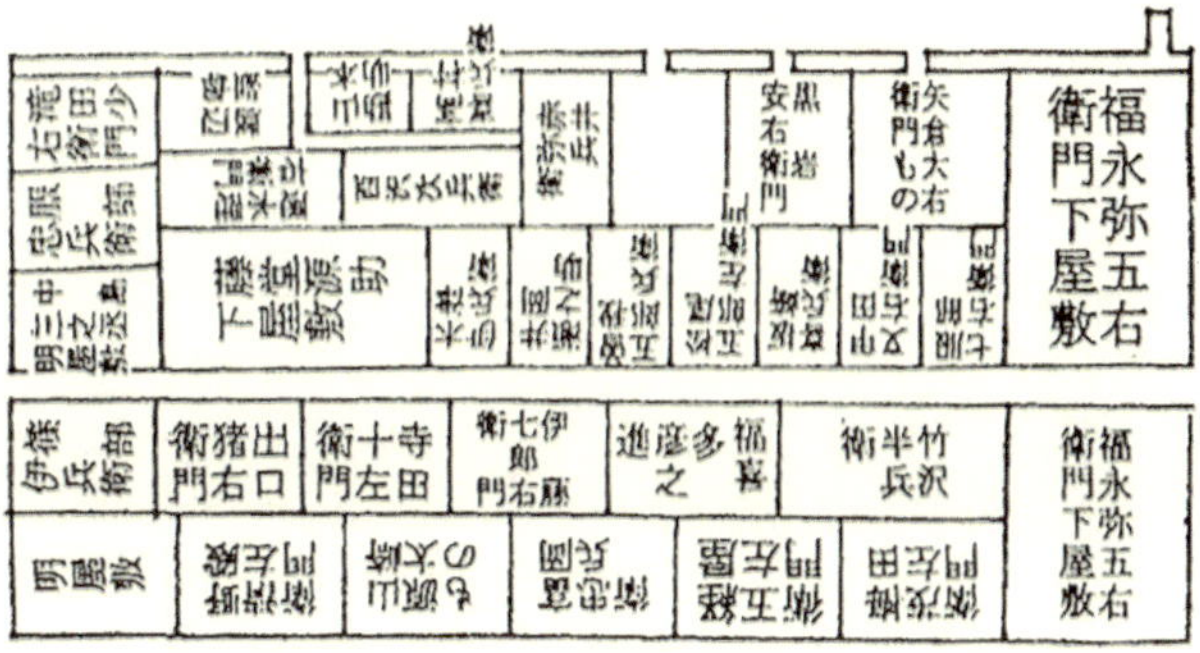

忍町（『寛永年間上野城下町図』）

事の際には家臣として軍役を勤める人々であり、身分的には百姓ではなく武士だった。そのため百姓役は免除されているものの、具足・馬・鑓・鉄砲などは自ら整えなければならなかった。無足人には苗字帯刀が許されており、戦国時代の惣国一揆を構成した人々の系譜を引いていると考えられる。

日本各地に伊賀町、甲賀町という地名が残っているが、これらは忍びとして伊賀者・甲賀者が暮らした名残である。桑名城下にも伊賀町があり、忍びとして伊賀者が雇われた。松平定綱に仕えた町田与左衛門は、春日神社の祭礼に足軽を率いて警固を勤めていた際、鳥居の前で足を止め、境内に賊あることを察知し、足軽に捕らえて連行することを命じたが、彼らはついに発見することができなかったのを、社殿の傍らで潜伏していることを捕らえ、大いにこれを叱責して追い払ったという。彼はまた剣法に通じ、ある夜忍び入った数多の賊をことごとく切り捨て、逃れて竹藪に入った一人を追跡し、太い青竹を掛け、その股を一刀に斬り落としたという。「桑名藩分限帳」には「忍の者」としてその家系を載せている。

もう一名、定綱に仕えた人物として大島八右衛門があった。八右衛門は上野国の人で、祖先は大島喜兵衛という関東強盗の張本であった。『鎮国神公御遺事《ちんこくしんこうごいじ》』にも「大島ハ忍ノ名人ナリ、其ノ外、伊賀、甲賀ノ忍ノ達者多ク召抱ヘラル」と記されており、桑名城下絵図にも名が見られる。

赤穂事件

赤穂事件の際にも情報を得るために忍びが活動した。元禄十四年（一七〇一）三月十四日、赤穂藩主浅野内匠頭長矩《ながのり》が江戸城松之大廊下で吉良上野介義央《よしひさ》に斬りかかったことに対して将軍徳川綱吉は激怒し、浅野内匠頭は即日切腹を命じられた。こうした状況にあって、赤穂の周辺諸藩は忍びを放って赤穂藩の動向を探った。

岡山藩では三月二十一日、忍頭の浅野瀬兵衛《せいべえ》に探索を命じた。そのため瀬兵衛は瀬野弥一兵衛と今中喜六郎を差し向けて探った。その報告書によると、侍屋敷は静かだが、札場に大勢の人々が詰めかけ騒がしいという。赤穂藩がどうなるかわからないので、藩札を銀に交換しようとする人々が押しかけ、他領の者を優先して引き替えに応じ、額面の六割で交換が行われたことを記す。そして興味深いのは、「姫路・立野ゟ忍参込居申体之由、他所者札場へ札替ニ参候と申候へハ、さのミ改之体も無レ之通シ申之由ニ御座候」のように、姫路・龍野からも情報を得ようと忍びが入ってきており、他所者が札場に換金に来たと言えば問題なく通してくれるということも記していることである。姫路藩・龍野藩・高松藩などが忍びを使って情報収集しており、事件の影響が領内に及ぶことを警戒した。

こうした報告を受けて岡山藩では赤穂藩との藩境である福浦・三石・片上に奉行を派遣し、名主には領境を巡回させ、怪しい者が入らないように警戒させ、とりわけ火の用心に留意させた。さらには鹿久居島《かくいじま》・大漂《おおたぶ》（大多府）あたりに見廻りの漁船を二艘ずつ遣わし、磯辺には目立たぬように農民をつけ置き、取揚島《とりあげじま》には遠見の番に船を二、三艘遣わして、不審な船は取り調べて注進させるなど、厳重な警戒態勢をとった。そしてその後も忍びによる報告は何度もなされており、忍びは治安維持に重要な役割を果たしていたことがわかる。

尾張藩の忍び

尾張藩には甲賀者が忍びとして仕えた。文化《ぶんか》十一年（一八一四）「達シ書幷願留」にその由緒が記されているが、概略は以下のとおりである。初代藩主徳川義直のときに二十余人の甲賀者が奉公していたが、甲賀居住のまま扶持を受けて仕えようとし、名古屋居住を拒否したことにより中断したが、延宝七年（一六七九）二代藩主徳川光友は、木村奥之助に命じて「家中筋目の者」五人を選ばせて召し抱えた。この五人は望月・渡辺（二家）・木村・神山《こうやま》で、甲賀在住で、奥之助のみ名古屋在勤だった。

奥之助の親は甲賀の者で、「忍の者の頭」であり、奥之助も「忍びを心得候」者であった

（蓬左文庫所蔵「藩士名寄」）。そして、若い頃から飯道山《はんどうさん》で修行し、山伏として全国を行脚していた。また近松彦之進「昔咄」（『名古屋叢書』二四巻）によれば、奥之助は南木流軍法ならびに練筒田村矢をよくし、山伏の子であったため名古屋大須にあった清寿院に寄寓し、家伝の忍びを申し立てて仕官することを冀《こいねが》ったという。

五人は享保三年（一七一八）までは毎年五、六月中に三人ずつ名古屋へ出仕し、翌年からは年に一人のみが矢田川原で鉄砲稽古を勤めた。また、享保七年には大和郡山城主本多忠村が、翌年には弟の忠烈《ただつら》が幼少で亡くなり、継嗣がなかったため本多家は断絶し改易され、丹波篠山城主松平紀伊守信岑《のぶみね》が城の受け取り役を勤めることになった際、本多家が籠城するという噂があったため、第六代尾張藩主徳川継友の命により五人の者共が本多城へ忍び入り、篤と様子を窺い、その趣を早速尾張藩に言上し、褒美として一人に銀を二枚ずつ頂戴したのであった。

奥之助はまた『甲賀忍之伝未来記』を残して近松茂矩に伝えている。その概要は次のようである。

　甲賀忍びの伝授をする者は、入門の始めにまず過去・現在・未来の三世について深く悟ることが肝要である。

　かつては甲賀出身の者は子々孫々まで同朋の兄弟と心得て、遠国に分散居住しても互いに姓名を知り知られて常々連絡をとり、もし事あらば互いに隠さず告げ知らせ、ともども忍びの用を差し支えなく調える旨を言い合わせるゆえに、甲賀出の者でなければ一切相伝してはならないと定めている。

諸大名は甲賀者として扶持を与えて抱え、甲賀にそのままいて扶助を受ける者も多く、甲賀者と言えば何も知らなくても忍びの用を行えると多くの人は思っている。今までは古格の通りを守って何国には誰々がいるということを知り合い、時々通達して通じあい、甲賀忍びの名を失わずにどの家でも用いられていた。

現在七十歳前後の者は乱世を経験し実際に見聞して古伝のようにすることができるが、それより若い者はそのようにできないので、未来のために十三ヶ条を書いて残す。

現在役に立つ忍びは百人中十人ほど、それをよく使える謀士良将は万人に一人である。そして使い方を誤れば国家の存亡に関わる。家康の時にはことごとく忍びを用いて的中し、そのため法術は今に家伝として伝わっている。石田三成は忍びを用いるのに失敗したため滅亡した。

軍術で最も大事なのは忍びであり、それは『孫子』にも記されているのでよく読むべきである。

木村奥之助は甲賀者に忍術の伝統を残そうと努めた。そして、この書は甲賀の忍びの末裔の家にも残されていることから、奥之助は甲賀者を代表する人物として崇められ、後世まで忍術が伝えられていくことに大きな役割を果たしたと言えよう。

松本藩の忍び

信濃松本藩では芥川氏が忍びとして勤めた。芥川家は、甲賀二十一家のひとつで、関ヶ原合戦や島原の乱でも活躍した。寛文十二年（一六七二）美濃の加納藩主戸田（松平）光永に忍術をもって申し立て、十八石三人扶持で召し抱えられることとなった。その後、淀藩、鳥羽藩と移り、享保十一年（一七二六）三月二十一日、光永の孫光慈《みつちか》が松本藩に移封となったことにより芥川氏も松本に移り、城下で忍び役として仕えることになった。

松本城管理事務所所蔵の芥川家文書は、家譜や伝書、日記等からなり、近世後期の忍びの実態がわかる絶好の史料である。その中の「修行中心掛」では、忍びにはどのような技量が求められているか記されている。

一、国々城之堅不堅並ニ近辺地理予可知事、
一、城辺者勿論、往還中迚も地理之様子可知事、
一、国々諸方江之閑道、山川海共穿鑿シ、委悉可知事、
一、国々高札之定可知事、
一、同風俗並人気考ヘ可知事、

一、同城主江之服不服之様子可知事、
一、諸家武辺心掛有哉、亦武器調等有之哉可知事、
一、国々ニおゐて知己を求置事、専一之事、
一、諸家中、政事向之出頭、其外器量之人並剛愷ニ至迄可知事、
一、城内焔硝蔵有所可知事、
一、国々有名人並ニ宜家之者可知事、
一、蔵米員数可知事、
一、米穀運送之便利、売買之損益、両替之通用可知事、
一、国々穀直段、豊凶、平均可知事、
一、同産物等も可知置事、
一、行程之間里数目印ニ至まて委曲記シ可置事、

国々の城が堅固かどうか、周辺の地理的状況、どのような掟が出されているか、流行っている風俗、城主に不満を抱いているかどうか、武道の嗜みや武器の用意、どのような訴えがされているか、火薬庫のありか、有名な人物、蔵米の量、米穀の運送経路や値段、産物、行程の距離などについて調査しておく必要があり、また知り合いを作っておいて情報を得ることが重要だとしている。

さらに、『甲賀隠術極秘』では修行のありかたとして、以下のように記している。

先ず修行の第一は儒書、軍書等を数多く読み、何事も博く学び、山野を歩行し、寒暑を厭わずして、夜道をなし、深夜にも高山に登り、厳寒と雖も幽谷に降り、暑中と雖も怠りなく身をこらし、鍛練を修行の第一とす。

（中略）

又敵国にて万一こと顕れ桎梏又倒懸の責を受くとも聊かも志を変えるべからず。

耐え忍ぶということが重要であり、さまざまな方面の知識を持っておかねばならないことを説いている。諸藩に仕えた忍びはこれと同様に、いつでも探索に向かえるよう、日頃から鍛練していたに違いない。

四、江戸時代の忍術

『想古録1近世人物逸話集』には、橋爪介三郎による「猫を見て忍術の妙処を了る」という回想が記されている。それによると、会津藩の阿武太郎左衛門は忍術で有名な人物で、猫の動きを見て忍術の妙処を悟り、鍛練の末、達人と呼ばれるまでに至ったとされている。『啞者之独見』や『会津老翁夜話』（『続会津資料叢書』）によれば、この人物は保科正之に仕えた二〇〇石の士で、諸芸に達した忍びの名人で、どこでも忍び込めないところはなかったが、わがままでよくない行動がしばしばあり、承応元年（一六五二）に悲惨な最期を遂げている。阿武が誰から忍術を学んだのかは不明だが、それなりの鍛練を積んだのだろう。

また、江戸時代後期に平戸藩第九代藩主松浦清によって書かれた『甲子夜話続篇』巻五十五では、砲術の名人で高遠侯の臣である坂本孫八（天山）から聞いた話として、信州松本に住んでいたとき、松本侯の家臣に代々諜《シノビ》術伝来の者がおり、高遠城内奥室の経営までことごとく知っていて、隣国のことは皆侵入して知っていると話したことを書き記している。そして、その修行次第として以下のように記している。

其始め夜毎に深山に陟り幽谷に入り、艱苦の勤めあり。其間には怪変懼怖のこと度々なるを、強忍経歴して稍々成熟に至る。この術は、遠く義家朝臣、義経、楠正成の輩も学修せられしこと相伝ふる所なり。是れ乱世の時のことなるべし。但し彼の一門多く四国に在りしが、分つて九国へ往しもあり。されども彼家は独り信州に仕ふとぞ。

臣曰。抛て思へば、今筑前にも此家有りて其業を伝ふと。
又吾家の士に柘植《つげ》某あり。此家も嘗て彼術を以て仕ふと。然れども今は其伝絶たり。
臣曰。右の云云を以観れば、先頃京辺の妖術者豊田なる者の修行も、夜中深山に登り、不動心とて勤苦せしこと見え、昔遮那《しゃな》王の鞍馬山にて深夜に兵法を学びしと云伝るも、能く類せることなれば、是全く耶蘇天主の法ならで、吾邦に伝はる一種の異法なるべしと。

この記述によれば、毎夜山奥に入って艱難辛苦の修行を行ったことにより忍びの術を獲得することができたという。こうした人は各地にいたようである。

予も亦嘗て聞しは、蠶臣の京都に在りし中、某なる者と心易かりしが、此者かの忍《シノビ》の術者にて、時としては夜会の席などにて慰に一事を請はんと云へば、即《すなはち》応じて壁の所に至り、両手を伸《ノバ》し、身を壁につくれば忽ち失《うせ》て見へず。坐客相与に其人を索れば、そりやと云て側らより鼻をつまむ。顧みれば其人在り。かゝる体にて人皆詭怪をいだけり。
又其人、早わざをと望めば、一間《ケン》ばかりの戸板を立たるは即跳越《トビ》ゆ。又、壁或は長押《なげし》にかけ上り、横さまに走ること頗る人の所為に非ず。何《い》かにもその習ふ所の術あらん。

このように、忍びの術と称して軽業のようなものを披露する者がいたようで、その他にも人を驚かせるようなさまざまな幻術を見せている。江戸時代文政年中の忍術家として、松本御徒《おかち》町《まち》の上原善左衛門、同所御堂町の青木流と伊藤流を行っていた青岡彌平兵衛《やひょうえ》、石井右衛門太、石井浅右衛門、播州姫路の備前流今中某、堀口善八郎、秋田の伊賀坊、播磨坊、三河吉田の池田久太夫らがいたことが知られている。忍びの術はもともとは一子相伝の術であるが、実子がないときには養子をとって術を伝えることもあった。そして、さらには求める人に伝授されていったようである。こうした術を会得するためには厳しい修行が必要であり、会得しても、「少しも私慾あれば術行はれず。又冥罰有り」といった考え方がなされていた。

名古屋城の忍術家

名古屋城では、宝暦七年（一七五七）尾張藩第八代藩主徳川宗勝のとき、鶉口の御土居下に同心屋敷が建設された。これは、譜代の同心をここに住まわせて警備にあたらせ、危急時に藩主脱出のときには、警固護衛を行わせるためであった。そこには砲術家、兵法学者、剣術家、柔術家、書家、画家、儒学者、詩人などさまざまな人が暮らしており、その中に忍術家もいた。御土居下御側組同心目付諏訪水大夫の著した『御土居下雑記』等を研究した岡本柳英は御土居下に住んだ忍術家について以下のように記す。

広田増右衛門は、その父が伊賀流忍術の心得ある吉川宗兵衛より習得していたものを増右衛門に伝えたといわれる。増右衛門は手足の関節を自らはずし自らはめることができ、狭いところを楽々通過する技をもっていた。また一本の綱さえあればいかなる高いところへも登ることができ、綱の先に身体を縛り、猿のごとく木から木へ、枝から枝へと飛び渡る曲芸のような技や、足の裏に特殊な鉄帯をつけて木や竹に登ったり、手の及ぶ高さのところへは跳ね上がって跳び越えたという。また、庄内川で潜水の実演を行い、潜水したままいつまで経過しても姿を見せず、はるか川上から現れたという。このとき増右衛門は一尺ほどの中空の竹を使って、潜水していて息が苦しくなったら竹を水面に出して空気を吸い、再び潜水して水中を歩行したのだという。増右衛門は忍術を誰にも教えずに寛政十二年(一八〇〇)六十五歳で亡くなった。

森島左兵衛は寛政十一年(一七九九)の生まれで、泳ぎが巧みで水中で遊泳中の魚を捕らえることもでき、水中深く潜るのを得意とした。左兵衛は文政《ぶんせい》八年(一八二五)九月、十代藩主斉朝《なりとも》の命で築城以来初めて濠に潜り、一ヶ月間を要して隅々まで調査した。その内容については他言しなかったが、晩年隠居身分となってから初めて御土居下組員にのみ語った。それによると、濠は浅いところと非常に深いところがあり、底の水は非常に冷たく、水は下から上に登り泉のようだったという。そして、水中は一定方向の流れがあり、浅い場所には樹木の倒れたのが水底に横たわり、その間に泥がたまって足を踏み入れれば泥深くして、体まで泥に埋もれそうで危険この上ない、などと語ったということである。

『江戸小咄集1』「華えくぼ」には「忍術」という小話が載せられている。

忍の術指南所といふ看板を見て、弟子入に行ケば、師匠のいふには
「拙者の術は七日では丈夫に、しのばれます。まづ一ト廻り稽古なされ」
といわれ、七日通へば
「モウ是では、どこへ忍んでもよふござるが、迚もの事に、モウ一ト廻りけいこなされば、どこへしのばしっても、見付かる事ではござらぬ」
といわれ、又七日通ひ、二廻り稽古すれば
「もう是で案じは御座らぬ。まづためしに隣の柿をとりに行て見さっしゃれ、見つかる事では無ひ」
といわれ、手前の心にも、もはや二廻りの稽古だから、人に見付かる事では有るまひと、隣の柿をぬすみにはいり、柿の木へのぼって、さっ〳〵と取ってゐると、男が見付
「ヤレどろぼうヨ」
と呼び立、さん〴〵ぶちのめされ、かの男肝をつぶし
「これほどしのびの術をけいこしたから、見付らぬはづだが、何ンでも聞て見やう」
と、カノみつけた男に
「モシお前は、マアどなたでござります」

と聞けば
かの男「おれは此やしきの見廻りの者だ」
「ハ、アどうりで見付った、おれは二夕廻りだった」

二廻りの忍術稽古だったので見廻り（三廻り）には負けたというオチだが、「華えくぼ」は寛政五年（一七九三）にまとめられた小話で、江戸には忍術道場があったことがわかる。本来忍術は一部の家筋だけに伝えられていたのだが、それを学んだ人が道場を開いて武術などと同様に教えたりすることもあったのだろう。こうした忍術の広がりが、江戸時代の読本や歌舞伎における虚構の忍術を創り出していくことになる。

伝授

忍術の伝授は誰にでも簡単にしてよいわけではなかった。芥川家文書には「誓約」が残されており、誰でも簡単に忍術を学べたわけではなく人を選んで入門が許されたとある。そして学び終わった際には「免状」が渡され、その文言には、「甲賀隠術御懇望被遊候、依之免許極意無皆残御伝許仕候、依而免状如件」と記されている。伝授された後でも他人にみだりに教えてはいけないなどの制約があった。

また、伊賀流忍者博物館所蔵「服部半蔵忍法免状」は、もとは永禄三年（一五六〇）二月吉日服部半蔵から伝授されたとされ、忍びの歴史や方法について記した後に、伝授に関しての注意が記される。

右色々口伝トモ多有之、最我家之大秘法トスル者也、假令親子兄弟タリト云トモ、其益ニ不当之輩ニハミダリニ是ヲ不授者也、其余ノ面々ハ勿論、一字一言成トモ他見多言アル事専是ヲ禁止スヘキナリ、伊賀甲賀之家子孫繁多之輩多シト云ヘトモ、此道ヲ以テ受授スル者ハ一父一子ノ外ハ不可有是大秘事ニシテ、骨髄之道理アリテ人ノ腹心ニ納ルノ極秘也、仍竊盜始礼如件、
右一巻忍竊盜ノ伝秘事雖不漏之、貴殿深キ御執心不残令相伝者也、努々他人不可漏之者也、以證文契約之畢、

忍術は基本的に、忍びの家に生まれ、父から子への一子相伝により伝授され、他見は許されなかった。しかし、その家だけにとどまらず、忍術を学びたいという人にも伝えられることがあり、さらに市井においては忍術道場などと称して忍術を教えるような場合もあったようである。

足立巻一・尾崎秀樹・山田宗睦『忍法』には正徳《しょうとく》六年（一七一六）五月三日長井又兵衛宛木津伊之助忍術起請文が掲載されている。大変興味深い文書なので、全文を掲げる。

敬白天罰霊社起請文前書

一、今度御流儀忍術御伝授忝なく存じ奉り候。然らば御相伝の忍術、忍器共にたとえ親子兄弟たりといふとも他見他言仕るまじく候。尤も知らぬ体にもてなし、人に写させまじく候。

一、万川集海のうち序、正心、忍宝の章は、君命は申すに及ばず、家老、出頭人見申したしと申され候はば、御目にかけ申す筈に御免下されたく候ふ事。

一、これまで持ち来りし忍器、火器のほか、万川集海巻のほかに珍しき方便、忍器、火器を考え出し候はば、御知を申すべく候。

一、もし師と不通の義出来申し候はば、書き写す御書物返進申すべく候。跡にて書写し置くまじく候。

一、万川集海の秘術のほかは他の本に書きまじく申し候。

一、御相伝の忍術、忍器、盗賊をなすに少しも用ひまじく候。

但し、何によらず君命は格別の事。

右の通り少しも相背き申すまじく候。もし少しにても相背くにおいては、日本国中六十余州、大小の神祇殊に氏神の罰、子々孫々身上に深厚に蒙るべく罷るものなり。依って件の如し。

正徳六丙申年五月三日　木津伊之助（花押）
長井又兵衛殿

木津伊之助は伊賀の大野木に住む伊賀者の家筋で、長井又兵衛も『統集要録』に伊賀者十五人の一人として記される出後《いずご》居住の長井又左衛門の一族とされる。現在この文書の所在が不明で、どのような形態の文書なのか確認することができないのが残念だが、文言によれば、伊賀者が他の伊賀者から忍術を伝授され、その内容について他言しないことを誓っている。親から子へと忍術が伝えられるだけでなく、忍び仲間に伝授しているのである。また、『万川集海』が編纂されて四十年後にははやくも『万川集海』がバイブル的存在となっていることがわかる。そして、忍器・火器・伝書などが伝えられ、伝えられるだけでなく、新たに考え出すことも行われており、決して盗賊に用いてはならないと記されていることは興味深い。

忍術流派

綿谷雪・山田忠史編『増補大改訂武芸流派大事典』や中島篤巳「全国忍術流派小事典」によれば、忍術流派として以下のものがあげられている。

愛洲陰流（久留米藩）、会津藩伝楠流（会津藩）、青木流（松本藩）、秋葉流（尾張藩）、芥川流（松本藩）、伊賀崎流（伊賀藩）、伊賀流（伊賀藩）、伊豆流（仙台藩）、一全流（尾張藩）、一左流（岡山藩）、伊藤流（松本藩）、内川流（伊賀上野藩）、内山流（伊勢）、越前流（加賀藩）、御家流、大井流（伊賀藩）、大江流（肥後藩）、大垣流（大垣藩）、応変流（仙台藩）、甲斐流（甲府藩）、上泉流（岡山藩）、上川流（尾張藩）、蒲生流（奥州）、河内流（会津藩）、鬼一法眼流（京都）、九州流（膳所藩）、玉虎流、楠流（奈良）、鞍馬揚心流（薩摩藩）、黒田流（筑前藩）、源家古法（松山藩・大洲藩）、上泉流（尾張藩・岡山藩・鳥取藩）、甲賀流（水口藩）、高山流（伊賀藩）、甲州新流（尾張藩）、甲州別伝流（忍藩）、甲州本伝源流（仙台藩）、甲州本伝流（仙台藩）、甲州流（甲府藩）、上月流（伊賀藩）、合武三島流（江戸）、甲陽軍艦的流（水口藩）、甲陽流（松代藩）、御当流（岡山藩）、小隼流（津軽藩）、雑賀流（紀州藩）、西法院武安流（仙台藩）、真田流（岡山藩）、三刀流（山城、武州）、曾我流（伊賀藩）、高木流（岩国藩）、戸隠流、頓宮流（水口藩）、名取流（紀州藩）、南木流（尾張藩）、忍光流（甲府藩）、根来電光流（紀州藩）、根来流（紀州藩）、野間流（水口藩）、白雲流、羽黒流（秋田藩）、服部流（伊賀藩）、備前流（岡山藩）、福島流（広島藩）、藤林流（伊賀藩）、扶桑流、北条流（小田原藩）、北条流無楽派、ほうろく流（庄内藩）、松田流（水戸藩）、松元流（下野国）、三雲流（土佐藩）、宮川流（小浜藩）、名映流（紀州藩）、無極量情流（駿府藩）、明心流、百々地流（伊賀藩）、森川理極流（水口藩）、森流（江戸）、山形流（仙台藩）、山崎流（京都）、山中流（水口藩）、山本勘助流（三春藩）、吉田流、義経流（福井藩）、竜門流

これら流派の成立年代はさまざまで、具体的にどのような内容だったのかもはっきりしないものが多い。おそらくは、武術諸流派の影響を受けながら、忍術の内容はさまざまに変化して伝えられたのだろう。そしてこれは、一方では忍術使いと呼ばれる人々が各地を遍歴して術を披露してまわったり、奇術として忍術が披露されたりすることにつながっていくのである。

幕末の忍び

松本の芥川家は廃藩置県に至るまで藩主戸田氏に仕えるが、幕末には実際に探索に趣いた際の日記が残されている。『道中日記』は芥川九郎左衛門義成が安政《あんせい》三年（一八五六）三月十九日に松本を出発し、日本海廻りで糸魚川、越後、津軽、さらには蝦夷地を訪れ、平泉、松島、仙台などを訪れて五月二十八日に日光東照宮に着くところまでを記した日記である。異国船が日本周辺に出没する中、おそらくは藩主の命令で北方の探索に向かったのであろう。安政三年四月二十九日には箱館のことを次のように記している。

箱館ハ大入江也、小山之麓也、海山之外ニ押出シ遠方より見る、巴之湊と言、巴之形ニ入海也、大湊ニ而松前ニ続宜し家数多分アリ、遊女アリ、繁花之処也、山之岸ニ南部侯之陣屋アリ、イギリス船三艘在処、今日又一艘来る、異人町家往来し、町屋へ入込、乱之躰也、そして四月晦日にも異国船のことについて記している。

箱館逗留、大熊氏面会ス、異国船到来ニ付繁多之由、船も二艘者蒸気船也、異人町屋往来する事終日、役人衆、町屋廻る、（中略）市井ニ大筒三挺ヲ見る、新造筒也、（中略）異国船大サ四十間より五十間位と言、異船参るニ付、公儀早舟しきり出来る、

異国船が接岸し、「異人」が上陸して町を往来して風紀が乱れ、役人たちが見回っている状況が記されている。また、五月一日にはエゾ人を見るとしてその風体を記し、十一日にも蝦夷地へ行った人からの話としてその風習を詳しく記していることは注目される。このように、芥川氏は幕末に至るまで忍びとしての職務を果たしていたのである。

また、安政七年（一八六〇）三月三日に起こった桜田門外の変のときにも、水戸や彦根で動向を探ったり、長州征伐や戊辰戦争の時の北越戦争でも、松本藩が兵を出すにあたって芥川氏が地形などを調査し、どこに陣をはったらよいかの報告をしているのである。

幕末には津藩においても忍びが活動した記録が残されている。現在所在不明の津藩主藤堂家所蔵の『日行集』には、文久《ぶんきゅう》四年（一八六四）六月、御用人小西八十射が御用向で伊勢神宮警衛のために設けられた山田ケ原御陣所へ出張の際に、津に来て水泳の稽古をしていた伊賀者の

貝野篤之助と久保田伝右衛門の子の伊八の両名を同道させたとの記録があり、『家元口伝観海流之話』に引用されている。

御用人小西八十射、御用向に付、山田ケ原御陣所へ相詰め候様被仰付に付、今日昼過より被致出立候事。右に付、役所書記役島地順之助同行出立。勝手抱人迄も一人罷越候事。右は御内用にて八十射罷越候に付、伊賀者貝野篤之助、伝右衛門子久保田伊八、右両人付添罷越候事。右伊賀者、此頃水練稽古に致参津居候に付、直ちに右の者へ御用被仰付候事。

津藩では嘉永《かえい》六年（一八五三）五月、観海流という泳法が武術教科に採用され、水練教科として藩士に教授されていた。以前から伊賀者が水泳の稽古をすることが慣例となっていたのかどうかは不明だが、異国船が日本周辺に出没する状況下で、泳いで乗り込んで探索をする計画をたてていたのかもしれない。伊賀者の澤村甚三郎保祐も浦賀沖に黒船がやってきたときに乗り込み、内部の状況について報告している。

幕末から明治へ

忍びとしての職務は江戸時代の終わりとともに終焉を迎えるが、忍びのもつ精神性は、その後もずっと生き続けていく。明治十五年（一八八二）山岡鉄舟らが勝海舟のもとへ元老院議長の話をもってきたとき、勝海舟は左大臣有栖川宮親王に宛てて「無レ功亦無レ名　不レ求二貴与栄一　国難今己了　瓢然身世軽」の詩を託したことはよく知られている。「功なく名なく貴と栄を求めず」という言葉は、海舟の生き方をよくあらわしている。こうした考え方は「知名もなく、勇名もなし」という『万川集海』にもつながると言えよう。この言葉は、『孫子』四形編の「古の所謂善く戦う者は、勝ち易きに勝つ者なり。故に善く戦う者の勝つや、智名も無く、勇功も無し」に通じると思われるが、意味は全く異なっている。すなわち、『孫子』では、戦上手と呼ばれる者は必ず勝つという勝算があって戦うので、優れた戦術だとか勇敢に戦ったとかの評判がたつこともないと述べている。

　自らの立場を示威しない海舟の生き方は、父である小吉の影響によるところが大きいとされ、さらに小吉は平山行蔵という武芸者を尊敬していたとされる。平山行蔵の家は、幕府の伊賀者で、三十俵二人扶持、四谷北伊賀町に居を構えていた。そして、行蔵から六代前の平山清左衛門は、服部半蔵の部下であったとされる。行蔵は天下泰平の世にあっても自己鍛錬に励み、「常在戦場」のごとき日常生活を送ったが、その背景には、伊賀者の子孫としての忍び的生き方が伝承されていたと考えられている。そして、治にいて乱を忘れず、不断に身体を錬磨し、武術を練り、心法工夫して、人間能力を最大限に発揮しようと過酷な訓練を自己自身に課するところに、伊賀の忍びの伝統が生きていると評価されている。

　このように、忍術の技術は失われても、精神は生き続け、それは現代に至るまでつながっていくのである。忍術は、中国兵法・日本兵法の影響を受けて成立していくが、そこでは独自の価値観が醸成され、時代とともに変遷しながらも、「忍耐」「堪忍」といった日本人の価値観を反映した術となっていった。

終章　変容する忍者

一、近世から近代へ

忍術と妖術

江戸時代では、各大名が城下に忍びを置いて探索や警備をさせたほか、忍びに伝えられてきた忍術が入門者に対して教えられるということも行われた。そして、人並み外れた能力をもつ忍術家も登場して、人々を驚かせた。

こうしたことが反映されて、江戸時代の文芸作品には忍びがたびたび登場する。寛永年間（一六二四―四四）成立の『聚楽物語《じゅらくものがたり》』では、豊臣秀吉に仕え秀次の後見役をつとめた木村常陸介が忍びとしての技量を示すため大坂城へ忍び込む話をはじめ、寛文六年（一六六六）刊行の浅井了意『伽婢子《おとぎぼうこ》』「飛加《とびか》藤《とう》」「窃《しのび》の術」では、牛を飲む幻術を見破った者に術をかけて殺したり、犬を毒殺したり、一尺の刀でいかなる塀も越すといった話が記される。これらは『五朝小《ごちょうしょう》説《せつ》』「崑崙奴《こんろんど》」「田膨郎《でんぽうろう》」といった説話を題材に、忍びをそこへ挿入したと考えられるが、こうした話は『賊禁秘《ぞくきんひ》誠談《せいだん》』で石川五右衛門が豊臣秀吉の寝所に忍び込んで千鳥の香炉を盗むという話につながっていく。石川五右衛門は伊賀忍者の百地三太夫から忍術を学んだと記され、そ

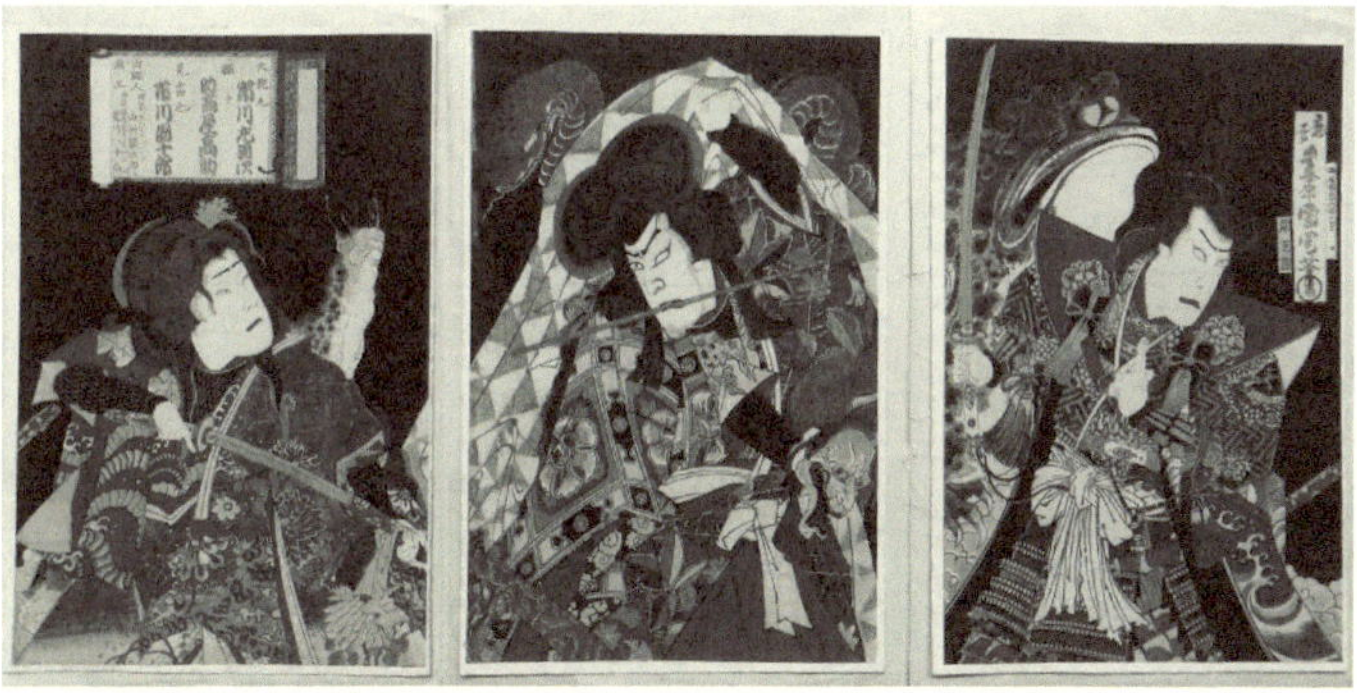

豊原国周《くにちか》画『児雷也』（伊賀流忍者博物館蔵）

れによって、以降読本・合巻・歌舞伎などにおいて不思議な忍術が多数登場することになる。

忍びにとっての大きな転換は、中国伝来の妖術と結びついたことであった。妖術は幻術とも呼ばれ、人を惑わすあやしい術のことで、隠形の術・飛行の術・分身と反魂の術・蝦蟇《がま》の術・鼠の術・蜘蛛の術・蝶の術などが知られている。鼠に変身する仁木弾正、蝦蟇の術を使う児雷也、ドロンと消える石川五右衛門などである。

黒装束に身を包む忍者のイメージもこうした中から確立していった。一目で忍者とわかるためには黒子や泥棒がそうであるように、ユニフォームとしての黒装束がふさわしかったのである。消えたりすることも歌舞伎の演出で行われるようになるが、さまざまな技術の発達が新たな忍術を生み出したと言えよう。映画やテレビが登場するとそれに合わせてさらに忍術は進化を遂げる。こうして虚像としての忍者像はさまざまな展開を見せていくことになる。そしてそこで創造される忍者はそれぞれの時代相を反映したものとなっている。

近代社会と忍術

明治末から大正期にかけて、西欧からの影響を受けて民衆の間でも急激な近代化が進み、「科学」への関心が芽生えた。霊魂という日本の伝統的存在に対しても「科学」による検証が行われ、心霊学や催眠術ブームが巻き起こった。竹内楠三『学理応用催眠術自在』『実用催眠学』『心理作用読心術自在』といった書物が相次いで出版され、小野福平の大日本催眠術奨励会、桑原俊郎の精神研究会、山口三之助の帝国催眠学会などの研究会が活動していた。

そして、千里眼・テレパシー・念写・透視などの超能力の存在は、世の人々の注目の的となって超能力ブームを巻き起こし、精神療法・霊術が大流行して「意識」による神秘的治療が巷にあふれた。こうした現象に対し、福来友吉（一八六九―一九五二）や田中守平（一八八四―一九二九）らが真理の解明に挑んだ。

このような現象が巻き起こる背景には、日清・日露戦争にともないナショナリズム意識が高揚したことや、資本主義の急速な発達により都市下層民の発生や農村の崩壊などの社会矛盾が表面化し、物質万能主義に抵抗して伝統的精神世界を再評価しようとする動きがあったことも指摘できる。

明治四十四年（一九一一）に立川《たつかわ》文明堂から小型講談本の立川文庫として『諸国漫遊　一休

禅師』が出版され、その後大正二年に第四十編『真田三勇士　忍術名人　猿飛佐助』が出版されると忍術ブームが巻き起こった。さらには尾上松之助主演の「児雷也」「猿飛佐助」といった忍術映画が上映されると忍術が大流行し、子供が印を結んで呪文を唱えて屋根から飛び降りることで骨折したり、線路の前で「忍術」を行うことによって列車を止めるなど社会問題にまでなった。こうした中、忍術研究にいち早く取り組んだのが伊藤銀月（一八七一―一九四四）だった。

伊藤銀月による忍術研究

伊藤銀月は秋田市に生まれ、十七歳のとき県立秋田中学を中退して上京、その後各地を転々とし、二十七歳のとき「万朝報」記者となった。伊藤は「忍術の新研究」（明治四十二年五月二十日〜二十九日「東京朝日新聞」）、「妖術の研究」（明治四十二年五月三十日〜六月三日「東京朝日新聞」）を連載し、忍術に関する最初の著作として『忍術と妖術』（梁江堂、一九〇九年）を出版した。そこでは、忍術について、「極度に忍耐する術でさうして極度に努力する術」であって、「一種の心身鍛練法」であるとしている。そして忍術には第一から第四までの重なる練習があるとして、第一「呼吸を整へる練習」、第二「身軽く動き足疾く歩く練習」、第三「変と難とを堪へ凌ぐ練習」、第四「武芸柔術其他器械的練習」をあげ、蝦蟇となり、鼠となり、木に化し石に化する等の神変不可思議も皆ここから出るのだとしている。

忍術により蝦蟇や鼠に変身できるわけではなく、忍術とは物理的・心理的かつ数理的なものであり、忍術の本質を明らかにして、その日常生活への応用を説いているところに伊藤の特色があり、それは『現代人の忍術』（巧人社、一九三七年）につながっていく。

また、『忍術の極意』（武侠世界社、一九一七年）によれば、伊藤の研究上、根拠とした資料は以下のものである。

(1)越後国長岡の志士谷村伊八郎氏が、其の家に蔵せられる甲賀流の忍術伝書に依り、談話及び筆記を以て示教せられたもの。
(2)種々の断片的記録、諸書の抜萃、及び古老の伝説に依つて集め得たもの。
(3)寛保年間に於ける、伊賀流の忍術者名取兵左衛門（青龍軒と号す）の伝書『正忍記』を読んで、得来つた所のもの（上野図書館蔵）。

ここで興味深い点は、現在では『万川集海』が忍術研究の中核とみなされているが、まだ『万川集海』は世に知られておらず、『正忍記』を中心に研究している点である。

伊藤が意図したのは、忍術に対する誤解を正すことで、大正時代になって講談本や映画などが流行り、そこで披露される忍術はまったく事実と異なっているとして、「科学的」に忍術を解明しようとしたのであった。

忍術修行

伊藤の忍術研究に続き、大正時代には相次いで忍術に関する論文や本が出版された。代々江戸町奉行与力の家系で、町奉行の職官さらには司法省判事を勤めた佐久間長敬は「忍術と狐使ひの沿革」の中で、忍術修行について興味深い記述をしている。

先づ第一に忍術を学びまする者は心掛が大事である、どう云ふ風な心掛けをして行くか、大食を致しませぬ、それから酒を飲まない、又情慾の念を離れる、衣類を沢山著ない、それから山住ひをすることを専らに致します、又断食に慣れる、湯水を飲まずして堪へることを覚える、是が皆必要なのであります、

（中略）

第二には心理状態のことになります、恐るべきものを恐れない、物を見て恐るべきことも恐れないと同時に事に臨んでも動揺しない、心を静め膽を練つて行く、それは皆実物に当つて修行して行く、

（中略）

其所で初めの修行はどう云ふ風にして行くかと云ふと、是は其初めは三尺飛越えて、漸次に三尺を四尺にし今度は六尺にする、遂には三間位は飛越すやうになる、三尺位は我々で

も飛べるがそれが四尺五尺になると云ふとなか〳〵飛べない、それを段々慣して行きますると云ふと終には二間でも三間でも飛んで行けるやうになる、尤も遠くから走つて来れば飛び越えることが出来ますけれども、ぢつとして居つてひらりと飛び越えると云ふには熟練しないと出来ない、初めはそれを平地でやつて今度は高い所へ行く、さうして此所から向ふへ飛越えると云ふ風になつて来る、二尺や三尺の高さの所では命に別状ありませぬが、一丈二丈となると落ちると腰がぬけるとか飛んだ怪我をするが、落著があるから落ちない、二尺や三尺の高さならば何でもないが一丈二丈の高さになると心が怖けて飛べない、恐怖心があるから飛べない、落著いて居れば一丈あらうが二丈あらうが同じことである、斯う云ふ風にして慣して行く、慣れて来ましたら例へ溝があらうが何があらうが何でもなく平地を行くが如くはつと向ふへ飛んで仕舞ふ。それから又物の上を飛越えて行くこと、是も同じく始まりは低い物を飛んで行く、段々慣れるとテーブルの上も飛び越える、追て高い物を飛び越して行くと云ふやうに、是も斯う云ふ風に修業致します、

さらには飛び降りる練習、水中を潜る練習、歩き方の練習などについて書いている。佐久間はどのようにしてこのような内容を知り得たのかわからないが、具体的な鍛練法について書かれている資料は貴重である。文章では、「徳川時代のいろいろなことを研究」して書いているとあることから、幕末には忍術修行としてこのような方法が行われていたと推測できる。

さまざまな忍術本

武揚軒健斎《ぶようけんけんさい》『即席活用忍術気合術秘伝：附・変現自在幻術の極意』（東京催眠術学会、一九一七年）は三週間たらずに一万部売れて改訂版も出版された人気の本である。こうした本でも「科学的」視点から忍術の解明が行われている。本書においては、「学術上より研究したる忍術」として、「文明発達の今日にありて科学の進歩は哲学―理学―化学―等の立脚地より奇術も―魔法もすべて解決せらるゝに至つた。この神秘的忍術なるものもその科学的の解決を与ふるのも敢て困難ではない」と述べている。そして、忍術とは「物理的作用と心理的作用を適法によりて活用する術」で、「忍術を行ふには必ずや呪文や結印を行ひて心力集中法（心理作用）をなし然して後ち、忍術用の人工的道具や之の術を行ふに必要なる補助的器物や物体を応用するのである」としている。

また、森破凡《もりはぼん》『膽力養成忍術虎の巻』（芳文堂書店、一九一七年）では、忍術とは耐え忍ぶ術であることを強調しているのが特徴的である。耐え忍ぶことによって自己修練が成し遂げられるとしているのは、時代状況を反映していると言えよう。

忍術とはその文字の如く、忍ぶの術なり、忍ぶとは、能く苦戦悪闘の難事に逢ふて、これを耐《こら》へ忍ぶの術なれば、決して消えて失くなるが如き妖術にはあらず、さりとて亦、キリシタンバテレンの邪術にもあらぬを、往々世人は、忍術と隠身術とを混じ、自来也に於ける蟇の術の如く、印を結べば忽ちその身は怪しき動物と変じ、或時は霧を吹き、或時は風を呼びて、其身を遁る丶が如き、神秘不可思議なる信念を存するの輩は、能く忍術の忍術たる所以を察《しり》て、熟《よ》くこの術を応用せば、即ち膽力《たんりよく》養成の楷梯となり、寸善尺魔を斬《き》ッ除《はらい》て、天下無敵の豪傑となれるの虎の巻なり。

そして、双竜軒《そうりゆうけん》『神秘開放變化自由忍術魔法秘傳』（神國武藝研究會、一九一七年）では、忍術という個体修練により、肉体と精神が鍛えられ、それが日本人に遺伝されているとしている。

我邦では数百年来、忍術や魔法と云ふ如き、個体的修練の結果、肉体でも精神でも鍛へられてゐた遺伝があつた所為である、岩見重太郎、宮本無三四、荒木又右衛門、由井正雪、塚原卜伝、伊東一刀斎、其他の多くの魔法使ひの物語や、剣士の奇蹟に類する奮闘努力の講談は、実に日本帝国の国宝である、之れあるが為に我々日本人は、いつの場合でも最後の肉弾となつて奇勝を占むる確信を有してゐる、忍術は忍耐術である、魔法は精神の錬磨である、二者相待つて、謂ゆる日本魂を鍛へあげる根本的素質となつてゐるものである。

日清・日露戦争を経験し、三国干渉により臥薪嘗胆という言葉が喧伝され、社会全体で耐え忍ぶことの重要さが説かれていた。そしてさらに第一次世界大戦に直面して、忍術は忍耐術であり、日本魂を鍛えるための根幹であるとする言説がなされるようになった。忍術のどの面に注目するのかといった点は、当時の社会状況を強く反映している。

明治時代後半までは、江戸時代以来の蝦蟇に変身したり消えたりする摩訶不思議な忍術が引き継がれていた。大正時代になると立川文庫や映画の影響で、忍術ブームが巻き起こったが、大正時代は「科学的」観点から諸現象を解明しようとする試みが行われていたことから、忍術に対しても「科学的」視点が向けられるようになり、忍術を合理的に解釈しようとする試みがなされた。その代表的人物が伊藤銀月であった。伊藤は忍術について、心身鍛練法であって、物理的・心理的かつ数理的なものであるとして、その日常生活への応用を説いた。それ以降も忍術に関する本が続々と出版されたが、その多くは忍術を現代社会にどのように活かしていったらよいかといった視点で書かれている。また日露戦争後には、忍術の耐え忍ぶ面が強調されるようになり、乃木希典は忍術の大名人であり、忍術は忍耐術であって、日本魂を鍛えるために有用であるとの言説も行われるようになった。

以降、現代に至るまで数多くの人々によって忍術研究がなされており、近年は重要な忍術書の翻刻が相次いでいることから、さらなる研究の深化が期待される。

二、伝承される忍術

甲賀流忍術十四世藤田西湖

甲賀流忍術十四世を名乗った藤田《ふじた》西湖《せいこ》（一八九九―一九六六）は異能の人物である。ガラスコップを食べたり、針を全身に刺したりする術を披露して観衆の度肝を抜く一方、陸軍中野学校で忍術を教えた。そして、さまざまな武術を極め、その流派は現在まで伝わっている。

藤田西湖についてまとまった書は、『どろんろん―最後の忍者―』（日本週報社、一九五八年）である。この書は『甲賀流忍者一代記』として一部書き改められて出版されたほか、二〇〇四年には新風舎文庫として出版されている。本書は旧知である小説家の大平陽介が藤田の記録と口述をもとに自伝風にまとめたものである（ゆえに正確には「自伝」と呼べないが、便宜上「自伝」と表記することとする）。

自伝では、藤田は甲賀五十三家のうち、和田伊賀守から十四代目であり、父は藤田森之助といい警視庁巡査で、浅草六区に勤めていた明治三十二年八月次男として生まれたとする。本名は勇治で、西湖は後に絵を学ぶようになってから自分でつけた雅号である。祖父の新太左衛門

（新之助）が甲賀流十三世で、祖父から忍術を習ったという。

六歳の時に兄の仇討ちでサーベルを振り回して十一人に傷を負わせたため、五日市の大慈寺へ預けられたが、そこでも数々のいたずらをしたため、明治三十七年（一九〇四）六月に家へ連れ戻された。八月十三日には母親が亡くなり、その寂しさもあり三峰山の山伏の後をついて一〇〇日余り修行して家族を心配させたという。八歳の三月に小石川竹早町に転居するも喧嘩三昧の毎日で、明治四十三年に祖父が亡くなったことにより、甲賀流忍術を継承したという。そして、当時はやっていた千里眼の能力もあり、火事や試験問題を的中させ、殺人犯検挙に貢献し、福来友吉博士の研究材料になったという。さらには、高島嘉右衛門からは易学を、赤竜子から看相術を学び、道場破りを繰り返し、橋本一夫斎から南蛮殺倒流の皆伝を授かったという。そして、大正六年（一九一七）早稲田大学文科・明治大学法科に入学するも、ストライキの巻き添えで明治大学を放校となったため、中央大学に入学したが、教授を殴って退学となり、そのため早稲田も退学し、日本大学宗教科に入学した。卒業後は新聞記者となり警察の武道師範を務め、東京三変人の二位とされ妖怪庵幽霊山人を称し、生き神様ともあがめられたとする。また、当時世界一の怪力として日本で興行していたロシア人ケンテルに勝ち、満州事変の真相調査のため大陸へ渡り、満州で特務教育を行ったほか、蔣介石暗殺も依頼されたという。帰国後は国民精神文化研究所で日本精神講座を担当したり、陸軍中野学校で教鞭を執ったとする。

修霊鍛身会会長藤田西湖

藤田は自らのことが掲載された新聞をスクラップしており、それが数多くの武術関係書とともに小田原市立図書館に寄贈されている。『千代田新聞』大正十三年八月一日には藤田に関する長い記事が掲載されている。

彼は明治三十二年の夏伊豆の大島で生れた。（中略）大島には昔役の行者が流罪にされて住つたといふ古跡の岩窟がある、従つて故老は役の行者の奇蹟を語ることが多い、勇ぼうも子供の内から祖母の懐で其話を聞かされてゐたが、自体神秘的な事が好きなところへ其話を聞いたのだから「己は役の行者の様な仙人にならう、仙人になるには先づ山伏になつて修業せねばならぬ、山ぶしは天狗だ天狗になつて仙人になるんだ」と考へた。松之助劇の忍術を見て霧隠才蔵になりたがる今の少年等と同じことだ。それからは仙術の真似ばかりして居たが、十一歳の時、父に連れられて上京し小石川区竹早町に住んだ。乱暴は益々募つて父の云ふことなどは少しも聴かず、学校ではノベツに起立の罰を科せられ近所でも鼻摘みのにくまれ者となつた。

（中略）

丁度其頃催眠術が盛んに喧伝されたので、研究欲の飽くことを知らぬ彼は之をも研究して忽ち奥儀を会得した。又其年の九月頃千里眼が輩出した際には彼は忽ち其能力者となり、或時、学校の試験問題を透視して問題を惹起した事があつた。

其時千里眼実験のために彼を訪ねて来た易学の大家があつた、而して彼に易を授けた、彼は忽ちにして其の蘊奥を極めた。

斯くて十九歳の時、湯島切通しに哲明館易断所を開き、門下生七名を養成し、二十歳にして気合術の原理を雑誌冒険世界に発表し爾来数年、所謂霊能屋を個別訪問し手腕競べをして歩いた、是が一時斯界に喧伝されたが西湖氏の道場破りであつた。

斯くして遂に自ら修養鍛身法を闡明して世に発表し修霊鍛身会を興して多数の霊術者を養成し始めた。


この記事によれば、藤田が生まれたのは浅草ではなく伊豆大島だという。出生を伊豆大島とするのは、この記事だけでなく初期の藤田の紹介はみなそうなっており、おそらく伊豆大島が正しいのだろう。そして、家出して修験者の後をついて修験道の修行をしたわけではなく、伊豆大島で役行者のまねをしてまわっていたのだという。また、自伝では祖父から忍術を授けられたことが強調されるが、新聞記事では一切記されていない。千里眼については、当時はやっていたので自分もまねしたところ、その能力があるようだったが、当時千里眼実験で有名だった福来博士の実験材料となったということはなかったようである。そして、二十歳前後は、忍術ではなく修霊鍛身法の藤田として著名となったのであった。ここからわかることは、藤田は探究心・研究心旺盛で、当時話題になっている現象について自ら確かめようと、さまざまな分野にのめり込んでいるということである。

修霊鍛身法については、一九二一年に出版した『所謂心霊現象の原理及方法』に詳しく記されている。藤田は当時流行していた「心霊術」は霊魂に基づく摩訶不思議な術ではなく「科学的」現象であって、やり方には「コツ」があり、鍛錬することによって誰でもできるようになるということを主張し、実践してみせた。これらの方法については、『法術行《や》り方《かた》絵解』（修霊鍛身会、一九二八年、のち壮神社、一九九四年）としてまとめられ、数々の術のやり方が示されている。後に忍術として繰り返し披露する術は、当初は「修霊鍛身法」として各警察や公会堂などを公演してまわっており、その術は精神療法の面でも効果があったとされる点が特筆される。『東京毎夕新聞』大正十年十月二十七日「全国精神療法家十傑当選」では、藤田は全国精神療法家十傑の一人に選ばれている。

『函館北海新聞』大正十一年九月三十日の記事によれば、函館市松風町成田山別院で予定されていた藤田式修霊鍛身法講習会ではさまざまな術を行うことになっており、「其他」の項目に「忍術」が記されている。これ以前は藤田関連の新聞記事に「忍術」の文字を見出すことはできず、おそらく初見だと思われる。そしてまた、このころの藤田にとって「忍術」は、自らのほんの一部を占めるにすぎなかったとも言えよう。

忍術の披露

修霊鍛身法を前面に押し出していた藤田が、忍術を標榜するようになったのは大正十三年のことのようである。『明治新聞』大正十三年七月五日「人？　鬼？　怪青年藤田正湖《（ママ）》君彼れの怪行と熱弁」では以下のように記されている。

鎮西八郎為朝の流《なが》滴された伊豆の島国に生れ、少年時代から腕白で天稟の敗けじ魂は彼れを昂奮せしめた、「人のする事は何んでも出来る」の真念が長ずるに随ひ熾烈となつて、世界無敵世界一と称して日本に来た露国人「ケンテル」の百人力の広告を見て、日本人を無視する不都合の行為、ズツと発奮して鉄の鎖を切り鉄塊で胸部を打ち、或は印度怪行者か顔面と言はず全身に針を刺すのを見て、これも人の出来る事と遂にあらゆる研究をして顔面に数十本の針を刺すに至つた、

藤田は負けず嫌いで、他人にできることは自分にもできると思って練習を積み、実際にできるようになった。ロシア人ケンテルについては、その記事を見て発憤したということであり、自伝ではそれが誇張されて、ケンテルと戦って勝利したというように改変されている。そして、当初は「忍術の研究者」「忍術の名人」として紹介されていて、甲賀流忍術十四世を名乗らず、祖父から忍術を伝授されたことも述べていない。甲賀流忍術十四世として記された初めての記

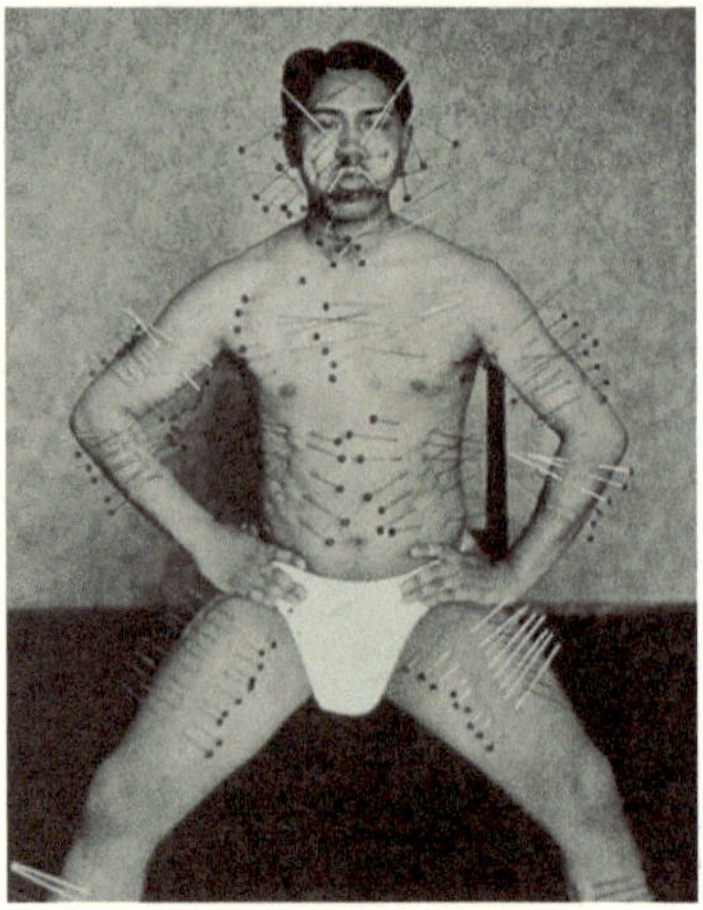

全身に針を刺す藤田西湖
（『どろんろん―最後の忍者―』）

事は、管見の限り『荘内新報』大正十四年十一月十一日の記事である。そして、昭和になると修霊鍛身会会長として心霊術を行って治療をすることもなくなっていった。そうした背景には、大正末期の忍術ブームの高まりがあり、藤田は伊藤銀月にも影響されて、自らの身体を使って「忍術」を実践しようとしたのではないだろうか。また、霊術自体も取り締まりが厳しくなり、終焉を迎えた。

忍術修行に関しては、祖父から学んだと記しているが、それを確認することはできない。イギリス人陶芸家バーナード・リーチが来日した際、藤田が術を披露した映像が残っているが、跳躍したり走ったりすることを披露したことはなかったようである。バーナード・リーチ著、福田陸太郎訳『東と西を超えて』（日本経済新聞社、一九八二年）「東洋の旅　1934 ― 1935 年」でそのときのことを記している。

このX氏は若い時から、昔ながらのスパイ――彼らの殿様のために極秘のメッセージを運んだり、情報を入手したりする高度に熟練した男—に対して以前用いられた方法で訓練を受けていたのであった。（中略）X氏は私の家に来ることを承知して、ある晴れた日の午後、約十五人程の私の友人たちに二時間にわたり話をしてくれた。ほかに外国人は一人も来ていなかったし、私の客たちはほとんどが文人であった。X氏は彼が訓練を始めたのは、他の志願した子供たちの中から選ばれた六歳の時だったと語った。その時二つの試験があったそうである。一つはしわくちゃの紙を敷き詰めた部屋を音を立てずに横切ること。もう一つは頭を水面下に二分間漬けたままにしておくことであったそうだ。

この入門試験の内容は、通訳の問題もあるせいか、『忍術秘録』に記されるものとはやや異なり、簡単な内容になっている。あるいは、外国人に対してあまりに現実離れしたことを話すと議論になるかもしれないということで避けたのかもしれない。

陸軍中野学校

陸軍中野学校は諜報や防諜、宣伝などの秘密戦に関する教育や訓練を目的とした陸軍の学校で、一九三八年三月に「防諜研究所」として発足、一九三九年五月に「後方勤務要員養成所」に改編、一九四〇年に陸軍中野学校となった。藤田は初期のころ関わっていたようである。警察や軍関係者と親交があったことから教官として招かれたのだろう。

一九三九年七月「後方勤務要員養成所乙種長期第一期学生教育終了ノ件報告」JACAR（アジア歴史資料センター）Ref.C01004653900、昭和十四年「密大日記」第九冊（防衛省防衛研究所）は第一期生の卒業報告で、この記録からは、軍事学、外国語、武術、防諜技術、気象学、細菌学、心理学などの講義・実習が行われたことがわかるが、その中に「講話」として藤田西湖による「忍術」が記されている。当初は一日のみ一時間二十分の講話の予定だったが、実際は三日間八時間にわたって行われた。

その時の様子を、元中野学校教官福本亀治が述べている（畠山清行・保阪正康『秘録陸軍中野学校』）。

外部からの講師の中で、とくに印象に残っているのは、甲賀流忍術十四世名人の藤田西湖で、『武士道では、死ということを、はなはだりっぱなもののようにうたいあげている。しかし、忍者の道では、死は卑怯な行為とされている。死んでしまえば、苦しみも悩みもいっさいなくなって、これほど安楽なことはないが、忍者はどんな苦しみをも乗り越えて生き抜く。足を切られ、手を切られ、舌を抜かれ、目をえぐり取られても、まだ心臓が動いているうちは、ころげてでも敵陣から逃げ帰って、味方に敵情を報告する。生きて生きて生き抜いて任務を果たす。それが忍者の道だ』と説かれたことばと、節を抜いたタケをもって水中にもぐりひそむ法、腕や足の関節をはずしてナワを抜ける法、音をたてずに歩く法や階段を上がる法、壁や天井をはい回る術など、みずから実演してみせてくれた。（中略）そのころの彼の猛勉強は有名で、ほとんどフトンの中で寝たことがなく、机に向かったまま一、二時間まどろんでは本を読み、さめれば本を読む。当時すでに、忍術の習練をつんだものは日本にいなかったから、彼は祖父に手ほどきされた忍術を、古書の中から『より深く』探ろうとしたのである。

藤田の説く「忍術」が戦争にどれだけ有効だったかわからないが、その語る内容や実演は驚きをもって迎えられたようである。

戦後は日本古武道振興会常任理事、日本武術研究所長など武術面の活動が主になっているが、一九六四年の東京オリンピックに向けて、国立競技場にて陸連選手強化本部のコーチ会議にて忍術を披露したり、「東京スポーツ」に「オリンピックと忍術」という記事を連載して日本選手の育成を説いたりしたが、藤田独特の忍術は通じず、選手強化に採用されることはなかった。

伊賀流忍術東日教

また、伊賀流二十四代を称した東日教《あずまにっきょう》という人物もいた。東日教（松本信男）は北海道利尻島の出身で、伊賀流二十三代の忍術家東義人《あずまよしんど》が乞食坊主のような姿で後継者を探し歩いていたところ、函館に店を持っていた父親が養子として出したのだという。その後、日向吾平山、筑前秋月、播州書写山などで修行し、草の根、木の皮を噛み、樹下石上を宿として難行苦行を行ったという。そして、身延山を経て最後は中山法華経寺奥の院に住した。そして、取材に行った記者は東日教が飛んでいるすずめの両翼に千枚通しを通したり、真っ赤に焼けた鉄棒を手でしごいたりしたのを目撃した。また師は火遁の術などの方法を述べた後、以下のことを語っている。

東日教師の遺影と位牌（大江訓子氏提供）

何しろ幼少の頃から跳躍の練習が積んでおるから身は軽い。爪先でトンと土を蹴ると先ず三間（五・四五メートル）位は跳び上るナ。陸上競技の選手のように遠くから駆けて弾みをつけて跳ぶのとは違つて、その場で直線に跳躍するのじゃから、どんな高い塀でもわけなく飛越せる。

また高いところから飛下ることも五十尺（一五メートル）は常法となつている。このときは羽織や風呂敷などをひろげて落下傘の役に立てる。この前わしが身延で黒の法衣のまゝ松の梢から飛んで見せたら、まるで黒い揚羽の蝶が舞い降りるようだつたとある雑誌に書きおつたが、流石にうまい形容をしたものじや。

さらには、鉄砲玉をよける方法として畳立てという用害の術があり、実際畳を手で叩くと十五畳の広書院が畳の波になったという。また、東日教のご子息によると、掌に油をたたえてそれに灯心をさして火をともすほか、やはりさまざまな術を目にしたことがあるという。東師が所有していたという伝書類の所在が現在不明であるため、果たして伊賀流忍術の系譜を引くのかどうか確かめることができないが、荒行によりさまざまな術を身につけたことは確かであろう。

その他、「忍術」を伝えていると称した甲賀流忍者の小林小太郎などが知られているが、一昔前までは、伊賀流や甲賀流を名乗る忍術使いの人々が村をまわってきて、鉄棒を曲げたり、熱湯の中に手を入れたりして「忍術」を披露することがあった。これらの人々がどのような系譜をもっていたのかはわからない。近代社会において「忍術」が見世物として人気を博し、子どもたちをわくわくさせていったことも忍術の一側面である。

現代の忍術継承者

現在「Ninja」は世界語となっているが、世界に忍者の存在を広めるのに大きな影響を与えたのが、初見良昭《まさあき》（一九三一—）である。初見は高松寿嗣に師事し、戸隠流忍法体術、玉虎流骨指術、九鬼神伝流八法秘剣術、虎倒流骨法術、神伝不動流打拳体術、高木揚心流柔体術、義

武神館本部道場で指導する初見良昭氏

鑑流骨法術、玉心流忍法、雲隠流忍法の九流派を受け継いだとされ、千葉県野田市に武神館を創設した。
初見は積極的に海外で指導し、その忍法体術は実践的であるとして、海外の警察官、軍隊などで広く受け入れられ、道場は常に外国人であふれている。そしてその門弟は海外で道場を開いて「忍術」をさらに広めることとなった。海外では忍術は柔道・剣道とならぶ日本の武術のひとつだと認識されており、礼儀作法を学ばせるために子どもを武神館道場に通わせる親も少なくない。
また、川上仁一（一九四九―）は六歳の時から石田正蔵に師事し、尾張に伝わった甲賀流忍術の一派である伴家忍之伝を伝えているほか、如水流神道軍伝、出雲神流平法、神伝不動流艗法、竹内流骨法、一条不二法骨法術などを体得している。川上は「忍術の忍は忍耐の忍、堪忍の忍」を唱え、武術だけにとどまらない総合的生存術としての忍術を伝える。
三重大学においては、二〇一二年六月、伊賀連携フィールドという組織をつくり、三重大学・上野商工会議所・伊賀市が連携して忍者に関する調査・研究・講演会などを行っており、そこでは川上仁一を三重大学社会連携特任教授として招聘して共同研究を行い、国内外で講演を開催している。それは、人間の生き方を探求する上で、忍術の中には数多くの知恵が含まれていると考えられるからである。忍術書には、心構え・侵入術・破壊術・武術・変装術・交際術・対話術・記憶術・伝達術・呪術・医学・薬学・食物・天文・気象・遁甲・火薬など多様な記述がなされている。何事にも耐え忍び、人間の気質や自然環境、社会環境などを掌握する忍者・忍術には、過去・現在・未来を通して困難を生き抜くための技が凝縮されている。そのため、大学においては多分野からの研究により、現代社会を生きるために必要な能力、人や自然との交わり方など忍者の知恵を学び、現代社会や未来へいかしていくことができるのではないかと考えている。

忍術継承者である川上氏が三重大学の特任教授となったというニュースは日本国内だけでなく、中国でも大きく取り上げられた。次のニュースは二〇一二年二月十四日「中国網日本語版（チャイナネット）」で配信された記事である。

【日本「忍者文化」の復活望む?】

三重大学は先ごろ、「最後の忍者」と呼ばれる福井県の川上仁一さんを社会連携研究センターの特任教授に任命した。（中略）

忍者が忍術を身に着けるのは、力で暴力と破壊の頂点に上り詰めたいからではなく、周りの環境への適応能力を養うためである。真の忍者になりたければ、苦しい修行に耐え、修練を積まなければいけない。(中略)。

「忍者文化」はマンガや映画でしか見る事ができず、「忍者の精神」はどんどん色あせている。現代の若者を取り巻く環境は個人や流行やアイデンティティーを重視する。世の中にはお金目当てで援助交際をする中学生、消極的で軟弱な「草食系男子」、行動やしぐさが女性のような「乙女系男子」など、どこを探しても「忍者の精神」は見当たらない。

このような状況の日本で、「忍者文化」や「忍者精神」を復活させる事は大きな価値がある。例えば、忍者は自身の使命に忠実で、到底困難だと思われる任務に対しても諦めずにやり遂げる。他にも、忍者の仲間に対する忠誠心はなにものとも比べようがない。どんな屈辱も彼らの心をくじくことはできない。彼らはいつでも冷静で、冴えており、周辺の状況を全て把握しているのだ。(以下略)

ハンガリーで実演を行う川上仁一氏

この記事で興味深いのは、現代日本社会においては、耐え忍ぶ「忍者の精神」が消えてしまっており、そうした衰弱した日本人の精神を再び復活させるために、大学で忍者の心構えを教えることになったと中国人記者が考えている点である。実際には、そのような意図があったわけではないが、忍者は勤勉で、どんな逆境の時にも耐え忍び、主君に忠誠心を持って仕えるという日本人の精神を体現した存在として、日本人のあり方を考える上で大変重要な存在と言えよう。

忍者は、長きにわたって愛されてきた比類無き存在である。それは、正体がわからない反面、何か人並み外れた能力をもって任務を遂行したと考えられているからである。それぞれの時代に多くの人々が忍者が登場する作品を生み出してきた。そこに描かれている忍者像は、事実とは違うことも多いかもしれないが、姿態変容を遂げることもまた忍者の一側面である。

あとがき

Ninja は今や世界の共通語となり、ドラマや歴史小説、アニメの中などでさまざまな忍者が活躍している。しかし、その実態は謎に満ちていて、いまだによくわかっていない。忍者と言えば、派手に活躍する場面に目が行くが、忍術書をひもといてみると、医学・薬学・食物・天文・気象・火薬・交際術・呪術など多方面の知識が記されており、忍術とは総合的知識に基づくサバイバル術と言える。

忍者は主君の命を受けて困難を乗り越えて相手の領域に潜入し、情報を得て再び戻ってこなければならない。そこではどんな状況下であっても「生き生きて生き抜く」ことが重要となり、そのためには特殊な技術・能力を身につける必要があり、種々の道具や手法が発達することとなった。

現代を生きるわれわれは、自然環境を破壊することによって高度な文明を獲得した反面、近年では暴風雨や旱魃など、自然の猛威にさらされるようになってきてしまった。今後われわれはどのように自然と向き合っていったらよいのだろうか。その答えの一つが、自然と共生し、そこからさまざまな知恵を編み出した忍者にあるのではないだろうか。

日本人は自然を破壊するのではなく、自然と共生することによって発展してきた。そして、忍者は、風の音を聞き、草の匂いをかぎとり、神仏と一体となることにより、困難を克服して生き抜いてきた。それゆえ、忍者の知恵の中には、現代日本の発展を支えてきた技術力、勤勉さ、組織力、忍耐力といった日本文化の諸相が凝縮されていると言える。今こそもう一度忍者の知恵に学んで持続的発展を考えなければならない時期にあるのではないだろうか。

世界における忍者ブームの背景にはさまざまな要素があることを指摘することができるが、自己の存在や業績を声高に主張するのではなく、高度な精神性を有して寡黙に主君のための職務を遂行するという日本文化を体現した存在であることも世界で人気を博している理由の一つである。『万川集海』の記述にもあるように、忍者の職務は人目につかないところで、世界をも動かす大きな仕事を成し遂げることなのである。

忍者の実態はベールに包まれ、想像をかきたてる要素を多分に含んでいることにより、これまで時代によりまた民族により、それぞれ異なる忍者像が創りあげられてきた。しかしその根本には、日本人の価値観に符合した忍者の存在があったからこそ、現代に至るまで日本および世界において忍者が受け入れられているのではないだろうか。

二〇一二年六月に三重大学伊賀連携フィールドが設置され、これまでさまざまな取り組みをしてきた。私の忍者に関する研究はそこから始まるわけだが、その活動を通じて多くの方々と知り合い、たくさんのことを教えていただいた。ハイトピア伊賀での毎月の「忍者・忍術学講座」での各講師による講演は、何より私が一番勉強になった。そして、国内での講演のほか、私はこれまで、ウランバートル（モンゴル）、北京（中国）、ロンドン（イギリス）、アリカンテ

（スペイン）、バレンシア（スペイン）、パリ（フランス）、ソフィア（ブルガリア）、マリボル（スロベニア）、ザグレブ（クロアチア）、ブダペスト（ハンガリー）、モスクワ（ロシア）、サンクトペテルブルク（ロシア）といった都市で講演やシンポジウムを行った。開催にあたっては、国際交流基金、在外日本国大使館、現地スタッフの方々に大変お世話になった。どこの会場も満員で、講座に来られる方々はみな目を見開いて真剣に話を聞いて下さっていることを大変嬉しく思っている。

本書執筆に関しては、川上仁一・中島篤巳の両氏に多大なご教示をいただき、氏の助言なくしては本書は完成し得なかった。また、お名前を列記するのは控えさせていただくが、大変多くの方にご教示をいただいたことに感謝したい。史料閲覧については伊賀上野観光協会には大変お世話になった。本書執筆のきっかけとなったのはKADOKAWAの麻田江里子さんのお手紙からだった。最初は簡単に書けると思っていたが、思いのほか難航し、遅々として進まない私を何度となく叱咤激励し出版に導いていただいた。遅滞を陳謝するとともにお礼を申し上げ擱筆したい。

二〇一六年三月四日　　サンクトペテルブルクにて

山田雄司

参考文献・史料

赤羽根大介校訂・赤羽根龍夫解説『上泉信綱伝新陰流軍学『訓閲集』』スキージャーナル株式会社、二〇〇八年
赤穂市史編さん専門委員編『赤穂市史　第5巻』兵庫県赤穂市、一九八二年
赤穂市史編さん専門委員編『赤穂市史　第2巻』兵庫県赤穂市、一九八三年
足立巻一『忍術』平凡社、一九五七年
足立巻一・尾崎秀樹・山田宗睦『忍法』三一書房、一九六四年
新井敦史「関ヶ原合戦と那須衆」大田原市黒羽芭蕉の館平成27年度企画展図録『関ヶ原合戦と那須衆』大田原市黒羽芭蕉の館、二〇一五年
新井孝重『中世悪党の研究』吉川弘文館、一九九〇年
新井孝重『悪党の世紀』吉川弘文館、一九九七年
新井孝重『黒田悪党たちの中世史』日本放送出版協会、二〇〇五年
有馬成甫「軍配思想とその発達」植木博士還暦記念祝賀會編『植木博士還暦記念國史學論集』植木博士還暦記念祝賀會、一九三八年
有馬成甫監修・石岡久夫編『諸流兵法（上）』〈日本兵法全集〉人物往来社、一九六七年
有馬成甫監修・石岡久夫編『北条流兵法』〈日本兵法全集〉人物往来社、一九六七年
伊賀上野観光協会『忍秘展』伊賀上野観光協会、二〇〇七年
伊賀古文献刊行会『伊賀旧考　伊乱記』伊賀市、二〇〇六年
伊賀古文献刊行会『統集懐録』伊賀市、二〇一三年
伊賀市編『伊賀市史　第一巻通史編古代・中世』伊賀市、二〇一一年
伊賀市編『伊賀市史　第四巻資料編古代・中世』伊賀市、二〇〇八年
伊賀忍者研究会編『忍者の教科書』笠間書院、二〇一四年
伊賀忍者研究会編『忍者の教科書2』笠間書院、二〇一五年
五十嵐勉「伊賀国における郷士集落の地域構造」『歴史地理学紀要』二六、一九八四年
池内義資編『御成敗式目註釋書集要』〈中世法制史料集〉岩波書店、一九七八年

石井進ほか校注『中世政治社会思想　上』〈日本思想大系〉岩波書店、一九九四年
石岡久夫『日本兵法史　上』雄山閣、一九七二年
石川正知『忍の里の記録』翠楊社、一九八二年
石田善人監修『現代語萬川集海　忍器篇』誠秀堂、一九七六年
石田善人監修『現代語萬川集海　陰忍篇』誠秀堂、一九七七年
石田善人監修『現代語萬川集海　陽忍篇』誠秀堂、一九八一年
磯貝正義・服部治則校注『改訂甲陽軍鑑　上中下』新人物往来社、一九七五年
磯田道史『歴史の愉しみ方』中央公論新社、二〇一二年
一柳廣孝『催眠術の日本近代』青弓社、一九九七年
伊藤銀月『忍術と妖術』梁江堂、一九〇九年
伊藤銀月『忍術の極意』武侠世界社、一九一七年
伊藤銀月『現代人の忍術』巧人社、一九三七年、八幡書店、二〇一二年
稲本紀昭「室町・戦国期の伊賀国」『国立歴史民俗博物館研究報告』一七、一九八八年
井上直哉『幕府御家人伊賀者の研究』井上直哉、二〇一四年
岩淵令治「境界としての江戸城大手三門—門番の職務と実態—」『東京大学史料編纂所研究紀要』二二、二〇一二年
上野晴朗『武田信玄　城と兵法』新人物往来社、一九八六年
上野市古文献刊行会編『永保記事略』上野市、一九七四年
上野市古文献刊行会編『宗国史』上野市、一九八一年
上野市古文献刊行会編『公室年譜略』清文堂出版、二〇〇二年
越後史料叢書編輯部編『北越太平記』文港堂、一九一四年
岡本柳英『秘境名古屋城御土居下物語—特殊任務と下級藩士たち—』名古屋城振興協会、一九八〇年
沖森直三郎編『忍秘傳：服部半蔵所伝 附家蔵文献書目』沖森書店、一九七一年
小田原市『小田原市史　史料編中世Ⅲ小田原北条2』小田原市、一九九三年
小野信二校注『家康史料集』〈戦国史料叢書〉人物往来社、一九六五年
小和田哲男『軍師・参謀』中央公論社、一九九〇年
学研歴史群像シリーズ編集部編『忍者と忍術—闇に潜んだ異能者の虚と実』学習研究社、二〇〇三年

学研歴史群像シリーズ編集部編『決定版　図説忍者と忍術　忍器・奥義・秘伝集』学研パブリッシング、二〇一一年
勝小吉著・勝部真長編『夢酔独言他』〈東洋文庫〉平凡社、一九六九年
川﨑記孝『家康と伊賀越えの危難』日本図書刊行会、二〇〇二年
鬼頭勝之「尾張藩における忍びの者について」『地方史研究』二六三、一九九六年
木村山治郎現代訳『正忍記』紀尾井書房、一九八八年
久保文武『伊賀史叢考』久保文武、一九八六年
久保文武「伊賀者史」『伊賀郷土史研究』五、一九七二年
黒板勝美編『徳川実紀』〈新訂増補国史大系〉吉川弘文館、一九七六年
甲賀市史編さん委員会編『甲賀市史第2巻　甲賀衆の中世』甲賀市、二〇一二年
甲賀市史編さん委員会編『甲賀市史第3巻　道・町・村の江戸時代』甲賀市、二〇一四年
小出昌洋編『想古録：近世人物逸話集』〈東洋文庫〉平凡社、一九九八年
國書双書刊行會編『玉葉』名著刊行会、一九八四年
呉座勇一『日本中世の領主一揆』思文閣出版、二〇一四年
小林清治校注『伊達史料集』〈戦国史料叢書〉人物往来社、一九六七年
近藤瓶城編『足利季世記』〈改訂史籍集覧〉近藤出版部、一九二九年
斎木一馬・岩澤愿彦編『徳川諸家系譜』続群書類従完成会、一九八四年
佐藤進一・池内義資・百瀬今朝雄編『武家家法Ⅰ』〈中世法制史料集〉岩波書店、一九六五年
後藤丹治・釜田喜三郎校注『太平記』〈日本古典文学大系〉岩波書店、一九六〇―六二年
近藤杢・平岡潤編『桑名市史本編』桑名市教育委員会、一九五九年
佐久間長敬「忍術と狐使ひの沿革」『神経学雑誌』一六―三、一九一七年
佐藤堅司『孫子の思想史的研究』原書房、一九八〇年
佐藤至子『妖術使いの物語』国書刊行会、二〇〇九年
滋賀県甲賀郡教育会編『甲賀郡志　下巻』名著出版、一九七一年
設楽薫「室町幕府評定衆摂津之親の日記『長禄四年記』の研究」『東京大学史料編纂所研究紀要』第三号、一九九二年
清水昇『江戸の隠密・御庭番』河出書房新社、二〇〇九年

清水豊「昭和武道界の傑物藤田西湖に見る忍法の虚と実」『秘伝古流武術』一一、一九九二年
下沢敦「風摩・『北条五代記』「関東の乱波智略の事」について」『共栄学園短期大学研究紀要』第二〇号、二〇〇四年
新編岡崎市史編集委員会編『新編岡崎市史　中世2』新編岡崎市史編さん委員会、一九八九年
鈴木省三編『伊達秘鑑』〈仙臺叢書〉仙臺叢書刊行會、一九二九年
双竜軒『神秘開放變化自由忍術魔法秘傳』神國武藝研究會、一九一七年
高柳光寿・岡山泰四・斎木一馬編『新訂寛政重修諸家譜』続群書類従完成会、一九六五年
竹内理三編『蔭凉軒日録』〈増補続史料大成〉臨川書店、一九七八年
竹内理三編『大乗院寺社雑事記』〈増補続史料大成〉臨川書店、一九七八年
竹内理三編『多聞院日記』〈増補続史料大成〉臨川書店、一九七八年
田辺二郎編訳・宇野健一校注『淡海温故録：稽古蔵本』滋賀県地方史研究家連絡会、一九七六年
東京都渋谷区編『新修渋谷区史　上・中巻』東京都渋谷区、一九六六年
堂谷衛編訳『兵法虎之巻詳譯』闡玄台、一八九六年
中島篤巳『忍術秘伝の書』角川書店、一九九四年
中島篤巳解読・解説『正忍記』新人物往来社、一九九六年
中島篤巳「全国忍術流派小事典」『歴史読本』四九―八、二〇〇四年
中島篤巳訳註『完本万川集海』国書刊行会、二〇一五年
中丸和伯校注『慶長見聞集』〈江戸史料叢書〉新人物往来社、一九六九年
中村和伯校注『改訂関八州古戦録』新人物往来社、一九七六年
中村孝也校訂『真田三代記・越後軍記・日本武士鑑』博文館、一九二九年
中村幸彦・中野三敏校訂『甲子夜話』〈東洋文庫〉平凡社、一九七七年
中村幸彦・中野三敏校訂『甲子夜話続篇』〈東洋文庫〉平凡社、一九八〇年
中山久夫『戦国の食術―勝つための食の極意―』学研パブリッシング、二〇一一年
名古屋市蓬左文庫『蓬左』第七号、一九八一年
奈良女子大学『平成2年度奈良女子大学教育研究内特別経費（奈良文化に関する総合的研究）報告書』奈良女子大学、一九九一年
西尾哲司「昭和の忍術腕くらべ」『面白倶楽部』三―四、一九五〇年

日本大蔵経編纂会編『修験道章疏』国書刊行会、二〇〇〇年
萩原龍夫校注『北条史料集』〈戦国史料叢書〉人物往来社、一九六六年
畠山清行・保阪正康『秘録 陸軍中野学校』新潮社、二〇〇三年
バーナード・リーチ著・福田陸太郎訳『東と西を超えて』日本経済新聞社、一九八二年
塙保己一編『軍中故実』〈続群書類従武家部〉続群書類従完成会、一九五九年
塙保己一編『中国治乱記』〈群書類従合戦部〉続群書類従完成会、一九六〇年
塙保己一編『新田老談記』〈続群書類従合戦部〉続群書類従完成会、一九五八年
塙保己一編『兵将陣訓要略鈔』〈続群書類従武家部〉続群書類従完成会、一九五九年
塙保己一編『予章記』〈群書類従合戦部〉続群書類従完成会、一九六〇年
塙保己一編『了俊大草紙』〈続群書類従武家部〉続群書類従完成会、一九五九年
林裕校注『爛柯堂棋話』〈東洋文庫〉平凡社、一九七八年
林亮勝・坂本正仁校訂『干城録』人間舎、二〇〇二年
彦根市史編集委員会編『新修彦根市史　第6巻史料編近世1』彦根市、二〇〇二年
姫路文学館編『大正の文庫王　立川熊次郎と「立川文庫」』姫路文学館、二〇〇四年
兵庫県史編集専門委員会編『兵庫県史　史料編中世4』兵庫県、一九八九年
平山優『増補改訂版天正壬午の乱』戎光祥出版、二〇一五年
広瀬幸吉『海舟の論語的生き方』学校図書、二〇一四年
深井雅海『江戸城御庭番』中央公論社、一九九二年
深沢徹責任編集『日本古典偽書叢刊　第三巻　兵法秘術一巻書・簠簋内伝金烏玉兎集・職人由来書』現代思潮新社、二〇〇四年
深沢徹「偽書と兵法」深沢徹責任編集『日本古典偽書叢刊　第三巻　兵法秘術一巻書・簠簋内伝金烏玉兎集・職人由来書』現代思潮新社、二〇〇四年
福井健二『上野城絵図集成』伊賀文化産業協会、二〇一三年
福井健二『上野城侍屋敷の変遷』福井健二、二〇一五年
福田慶太「まぼろしの忍術古珍本」『別冊宝島二〇三二号　日本史の闇を支配した「忍者」の正体』宝島社、二〇一三年
福田豊彦「古代末期の傭兵と傭兵隊長」安田元久先生退任記念論集刊行委員会編『中世日本の諸相』上、吉

川弘文館、一九八九年
藤井貞文・小林花子校訂『師守記』続群書類従完成会、一九六八―八二年
藤井譲治編『織豊期主要人物居所集成』思文閣出版、二〇一一年
藤木久志『雑兵たちの戦場』朝日新聞社、一九九五年
藤田和敏『〈甲賀忍者〉の実像』吉川弘文館、二〇一二年
藤田西湖『所謂心霊現象の原理及方法』修霊鍛身会、一九二一年
藤田西湖『法術行り方絵解』修霊鍛身会、一九二八年、復刻版、壮神社、一九九四年
藤田西湖『どろんろん―最後の忍者―』日本週報社、一九五八年
藤田西湖『甲賀流忍者一代記』東都書房、一九六八年
藤田西湖『忍術秘録』千代田書院、一九三六年、復刻版、壮神社、一九九一年
藤田達生『日本中・近世移行期の地域構造』校倉書房、二〇〇〇年
藤田達生「「神君伊賀越え」再考」『愛知県史研究』九、二〇〇五年
藤田達生『証言本能寺の変―史料で読む戦国史―』八木書店、二〇一〇年
武揚軒健斎『即席活用忍術気合術秘伝：附・変現自在幻術の極意』東京催眠術学会、一九一七年
古川哲史監修・魚住孝至・羽賀久人校注『戦国武士の心得―『軍法侍用集』の研究―』ぺりかん社、二〇〇一年
前田勉『近世日本の儒学と兵学』ぺりかん社、一九九六年
松浦玲『勝海舟と西郷隆盛』岩波書店、二〇一一年
三重県編『三重県史　資料編古代・中世』三重県、二〇一五年
光延真哉「歌舞伎のなかの忍術」吉丸雄哉・山田雄司・尾西康充編『忍者文芸研究読本』笠間書院、二〇一四年
水口町志編纂委員会編『水口町志　上・下』水口町、一九五九―六〇年
宮尾しげを編注『江戸小咄集』〈東洋文庫〉平凡社、一九七八年
村林正美「津藩の水練教育と観海流」『愛知文教大学論叢』二、一九九九年
森破凡『膽力養成忍術虎の巻』芳文堂書店、一九一七年
盛本昌広『境界争いと戦国諜報戦』洋泉社、二〇一四年
矢嶋武二『鳩森八幡略縁起』鳩森八幡神社社務所、一九四一年
山口正之『忍者の生活』雄山閣出版、一九六四年
山田雄司「史料紹介　伊賀者由緒書」『三重大史学』一三、二〇一三年

山田雄司「忍びの文化―忍術書の伝えるもの―」『書物學』第二巻、勉誠出版、二〇一四年
山田雄司「『当流奪口忍之巻註』を読む」吉丸雄哉・山田雄司・尾西康充編『忍者文芸研究読本』笠間書院、二〇一四年
山田雄司「史料紹介　義経虎巻（上・中）」『三重大史学』一四、二〇一四年
山田雄司「史料紹介　義経虎巻（下）」『三重大史学』一五、二〇一五年
山田雄司「異能の人〝藤田西湖〟研究」『月刊秘伝』三三七、二〇一五年
湯浅邦弘『孫子・三十六計』角川学芸出版、二〇〇八年
湯浅邦弘『孫子の兵法入門』角川学芸出版、二〇一〇年
湯浅邦弘「『太白陰経』の兵学思想」『大阪大学大学院文学研究科紀要』四〇、二〇〇〇年
湯浅邦弘「『虎鈐経』の兵学思想」『大阪大学大学院文学研究科紀要』四一、二〇〇一年
吉田豊・佐藤孔亮『古文書で読み解く忠臣蔵』柏書房、二〇〇一年
吉丸雄哉「近世における「忍者」の成立と系譜」『京都語文』一九、二〇一二年
吉丸雄哉「忍者とはなにか―ある忍者説話の形式を通じて―」吉丸雄哉・山田雄司・尾西康充編『忍者文芸研究読本』笠間書院、二〇一四年
吉丸雄哉・山田雄司・尾西康充編『忍者文芸研究読本』笠間書院、二〇一四年
歴史読本編集部「〈生きている歴史〉甲賀流を継ぐ老忍者」『歴史読本』昭和三十九年八月号、一九六四年
渡壁正「関ヶ原役における那須衆の動向と論功行賞について―『譜牒餘録』角田与五右衛門の「覚」を中心として―」『軍事史学』二四―一、一九八八年
綿谷雪・山田忠史編『増補大改訂武芸流派大事典』東京コピイ出版部、一九七八年
渡邊綱也校注『沙石集』〈日本古典文学大系〉岩波書店、一九六六年
Antony Cummins and Yoshie Minami “The Secret Traditions of the Shinobi: Hattori Hanzo's Shinobi Hiden and Other Ninja Scrolls” Blue Snake Books 2012
Antony Cummins and Yoshie Minami “The Book of Ninja” Watkins Publishing LTD 2013
Stephen Turnbull “Ninja: The True Story of Japan's Secret Warrior Cult” Firebird Books 1992

『芥川家文書』松本城管理事務所所蔵
『用間加條伝目口義』蓬左文庫所蔵

『伊賀路濃知邊』伊賀流忍者博物館所蔵
『甲賀忍之伝未来記』伊賀流忍者博物館所蔵
『松村流松明　甲賀流武術秘伝』伊賀流忍者博物館所蔵
『虎兵法』伊賀流忍者博物館所蔵
『忍秘伝』伊賀流忍者博物館所蔵
『謀計須知』伊賀流忍者博物館所蔵
「服部半蔵忍法免状」伊賀流忍者博物館所蔵
『山崎流忍之書』京都府立総合資料館所蔵
『小槻時元記』大和文華館所蔵
『池田家文庫』岡山大学附属図書館所蔵
小島豊美企画・中川恵司制作『江戸明治東京重ね地図』エーピーピーカンパニー、二〇〇四年

山田雄司（やまだ・ゆうじ）

1967年、静岡県生まれ。京都大学文学部史学科卒業。亀岡市史編さん室を経て、筑波大学大学院博士課程歴史・人類学研究科史学専攻（日本文化研究学際カリキュラム）修了。博士（学術）。現在、三重大学人文学部教授。著書に『跋扈する怨霊』（吉川弘文館）、『怨霊とは何か』（中央公論新社）、『忍者はすごかった』（幻冬舎）などがある。

角川選書 570

忍者《にんじゃ》の歴史《れきし》

平成28年4月25日　初版発行
令和7年4月10日　9版発行

著　者／山田雄司《やまだゆうじ》

発行者／山下直久

発　行／株式会社KADOKAWA
〒102-8177　東京都千代田区富士見2-13-3
電話 0570-002-301（ナビダイヤル）

印刷所／株式会社KADOKAWA

製本所／株式会社KADOKAWA

装　丁／片岡忠彦　　帯デザイン／Zapp!

ISBN978-4-04-703580-5 C0321

◆◇◇

この書物を愛する人たちに

詩人科学者寺田寅彦は、銀座通りに林立する高層建築をたとえて「銀座アルプス」と呼んだ。
戦後日本の経済力は、どの都市にも「銀座アルプス」を造成した。
アルプスのなかに書店を求めて、立ち寄ると、高山植物が美しく花ひらくように、
書物が飾られている。

印刷技術の発達もあって、書物は美しく化粧され、通りすがりの人々の眼をひきつけている。
しかし、流行を追っての刊行物は、どれも類型的で、個性がない。
歴史という時間の厚みのなかで、流動する時代のすがたや、不易な生命をみつめてきた先輩たちの発言がある。
また静かに明日を語ろうとする現代人の科白がある。これらも、
銀座アルプスのお花畑のなかでは、雑草のようにまぎれ、人知れず開花するしかないのだろうか。
マス・セールの呼び声で、多量に売り出される書物群のなかにあって、
選ばれた時代の英知の書は、ささやかな「座」を占めることは不可能なのだろうか。
マス・セールの時勢に逆行する少数な刊行物であっても、この書物は耳を傾ける人々には、
飽くことなく語りつづけてくれるだろう。私はそういう書物をつぎつぎと発刊したい。
真に書物を愛する読者や、書店の人々の手で、こうした書物はどのように成育し、開花することだろうか。
私のひそかな祈りである。「一粒の麦もし死なずば」という言葉のように、
こうした書物を、銀座アルプスのお花畑のなかで、一雑草であらしめたくない。

一九六八年九月一日　角川源義

戦国大名・伊勢宗瑞

黒田基樹

近年人物像が大きく書き換えられた伊勢宗瑞。北条氏研究の第一人者が、最新の研究成果をもとに、新しい政治権力となる戦国大名がいかにして構築されたのかを明らかにしつつ、その全体像を描く初の本格評伝。

624

978-4-04-703683-3

新版　古代史の基礎知識

編　吉村武彦

歴史の流れを重視し、考古学や歴史学の最新研究成果を取り入れ、古代史の理解に必要な重要事項を配置。新聞紙上をにぎわしたトピックをはじめ、歴史学界で話題の論争も積極的に取り上げて平易に解説する。

643

978-4-04-703672-7

シリーズ世界の思想

マルクス　資本論

佐々木隆治

経済の停滞、政治の空洞化……資本主義が大きな転換点を迎えている今、マルクスのテキストに立ち返りこの世界の仕組みを解き明かす。原文の抜粋と丁寧な解説で読む、画期的な『資本論』入門書。

1001

978-4-04-703628-4

シリーズ世界の思想

プラトン　ソクラテスの弁明

岸見一郎

古代ギリシア哲学の白眉ともいえる『ソクラテスの弁明』の全文を新訳とわかりやすい新解説で読み解く。誰よりも正義の人であったソクラテスが裁判で何を語ったかを伝えることで、彼の生き方を明らかにする。

1002

978-4-04-703636-9

密談の戦後史
塩田 潮

次期首相の座をめぐる裏工作から政界再編の秘密裏交渉まで、歴史の転換点で行われたのが密談である。憲法九条誕生から安倍晋三再擁立まで、政治を変える決定的な役割を担った密談を通して知られざる戦後史をたどる。

601

978-4-04-703619-2

今川氏滅亡
大石泰史

駿河、遠江、三河に君臨した大大名・今川氏は、なぜあれほど脆く崩れ去ったのか。国衆の離叛や「家中」弱体化の動向等を、最新研究から丹念に検証。桶狭間敗北や氏真に仮託されてきた亡国の実像を明らかにする。

604

978-4-04-703633-8

古典歳時記
吉海直人

日本人は自然に寄り添い、時季を楽しんできた。旬の食べ物、花や野鳥、気候や年中行事……暮らしに根ざすテーマを厳選し、時事的な話題・歴史的な出来事を入り口に、四季折々の言葉の語源と意味を解き明かす。

606

978-4-04-703657-4

エドゥアール・マネ
西洋絵画史の革命
三浦 篤

一九世紀の画家、マネ。伝統絵画のイメージを自由に再構成するその手法は、現代アートにも引き継がれる絵画史の革命だった。模倣と借用によって創造し、古典と前衛の対立を超えてしまう画家の魅力に迫る。

607

978-4-04-703581-2

古典のすすめ
谷　知子

神話から江戸の世話物へとつながる恋愛観、挽歌と哀傷歌そして源氏物語に描かれた「死」と「病」など、日本の古典作品に描かれた哲学をやさしく説く。古典に立ち返り、人生を見つめる新たな視点を養う。

594

978-4-04-703620-8

死者と先祖の話
山折哲雄

みずからや家族の死を、私たちはどのような形で迎えたらよいのか——。折口信夫『死者の書』と柳田国男『先祖の話』をてがかりに、鎮魂・供養・往生・看取り等から、日本古来の信仰や死生観を見つめ直す。

595

978-4-04-703594-2

仏教からよむ古典文学
末木文美士

出家に憧れながらも愛欲の世界にとどまった源氏物語の登場人物たち。その曖昧な生にこそ、王権と仏法の緊張関係が示されているのではないか。源氏・平家物語から能、夏目漱石まで、日本文学の新たな魅力を引き出す。

599

978-4-04-703615-4

愛着アプローチ
医学モデルを超える新しい回復法
岡田尊司

慢性うつ、不登校、ひきこもり、ゲーム依存、発達の問題、自傷、過食、DV等、医学モデルでは対処が難しい心や行動の問題が増えている。それら難しいケースに劇的な改善をもたらす新しい回復法の原理と実践法！

600

978-4-04-703613-0

風土記
日本人の感覚を読む
橋本雅之

七一三年の官命によって編纂された「風土記」。全国各地の産物や土地、神話などを記す古代の貴重な資料である。その地誌としての性格をふまえ「風土記」を読み解き、日本人に通底する心のありようを知る。

577

978-4-04-703582-9

足利尊氏
森茂暁

これが「尊氏研究」の最前線！「英雄」と「逆賊」の間を揺れ動き、南北朝動乱を招いた中心人物として解明が進まなかった足利尊氏を徹底研究。発給文書一五〇〇点から見えてくる新しい尊氏像とは。

583

978-4-04-703593-5

テーリー・ガーター
尼僧たちのいのちの讃歌
植木雅俊

釈尊の元に集った女性たちの切なる悩み、苦しみ、喜びをつづる原始仏典「テーリー・ガーター」が新訳で蘇る！　サンスクリット原典を紐解き、仏教が本来もっていた現代にも通じる男女平等思想を明らかにする名著。

588

978-4-04-703617-8

杉山城の時代
西股総生

文献には登場しないものの精密機械のような縄張りを持つ杉山城。なぜ、ここに存在するのか。北条氏築城説は成立しないのか。発掘調査によって判明した事実とは。縄張り研究の立場からその「謎」に迫る。

592

978-4-04-703614-7